定位经典丛书
对美国营销影响巨大的观念

互联网商规11条

互联网品牌圣经

THE 11 IMMUTABLE LAWS
OF INTERNET BRANDING

［美］　艾·里斯（Al Ries）
　　　　劳拉·里斯（Laura Ries）　著

寿雯◎译

机械工业出版社
CHINA MACHINE PRESS

图书在版编目（CIP）数据

互联网商规 11 条：互联网品牌圣经 /（美）里斯（Ries, A.），（美）里斯（Ries, L.）著；
寿雯译 .—北京：机械工业出版社，2013.10（2024.3 重印）
（定位经典丛书）
书名原文：The 11 Immutable Laws of Internet Branding

ISBN 978-7-111-44189-2

Ⅰ . 互… Ⅱ . ①里… ②里… ③寿… Ⅲ . 网络营销 Ⅳ . F713.36

中国版本图书馆 CIP 数据核字（2013）第 229682 号

北京市版权局著作权合同登记 图字：01-2013-4201 号。

Al Ries, Laura Ries. The 11 Immutable Laws of Internet Branding.
ISBN 978-0-06-019621-9
Copyright © 2000 by Al Ries and Laura Ries.
Published by arrangement with Harper Collins Publishers, USA.
Simplified Chinese Translation Copyright © 2013 by China Machine Press.

机械工业出版社（北京市西城区百万庄大街 22 号　　邮政编码　100037）
责任编辑：岳晓月　　　　　　版式设计：刘永青
北京虎彩文化传播有限公司印刷
2024 年 3 月第 1 版第 22 次印刷
170mm×242mm · 11.75 印张
标准书号：ISBN 978-7-111-44189-2
定　　价：69.00 元

客服电话：（010）88361066　68326294

前言

25 岁的纳瓦尔·拉维肯特（Naval Ravikant）萌发了一个想法：建立一个致力于"评价"或评论消费者可能购买的任何东西的网站。

他说，网站上有大量的在线购物向导可以显示定量数据、价格对比以及产品特征等，但很少有能够让顾客相信的来自购买者的建议。

拉维肯特把他的想法告诉了 27 岁的尼拉夫·托利亚（Nirav Tolia）——雅虎公司的一位营销经理。这两位未来的企业家决定创立一家新的互联网公司，名字就叫"电子评价网"（Epinion.com）。

这是一个大胆的决定。拉维肯特放弃处于创业阶段的 At Home 互联网公司的工作和 400 万美元的股票期权。托利亚放弃了雅虎公司的 1 000 万美元的股票期权。

据《纽约时报》（New York Times）报道，这两位互联网先锋在 12 周内招募了 4 位其他合伙人，并筹集了 800 万美元的风险资金。后来，电子评价网又筹集到了由高盛（Goldman Sachs）牵头的第二笔资金，达 2 500 万美元。

电子评价网将会取得巨大的成功吗？谁知道呢？但是，任何成功的互联网品牌的启动都需要具备四个重要特性。

互动性（定律 2 ）

普通消费者在电子评价网上注册后，可以为大量的产品和服务提交评价意见。"不要生气，把意见写在电子评价网上。"互联网上最成功的品牌不会是既有品牌的复制，它们将是聚焦于"互动性"的全新品牌。

此外，一个成功的互联网品牌并非必须基于某个原创的概念。许多年来，消费者评论已经成为亚马逊的一个重要部分。电子评价网的创办者所做的只是聚焦于亚马逊的某个方面，并围绕它建立一个完整的网站。

独特名称（定律 4 ）

仅仅因为你已经在美国商务部的商标部门注册了一个单词，并不会让它成为一个真正的品牌名称。

名称有两种：独特的名称和通用的名称。独特的名称是一个特定的人、地点或者事物的名称；通用的名称是一个包含了许多人、地点或者事物的名称。

将一个通用的名称大写并标注了 ®，并不会使这个名称成为顾客心智中的一个独特名称。不论读到或听到一个名称，你都会把那个名称转换成符合心智思维方式的"声音"，声音是不能大写的。

"电子评价"（Epinions）是一个真正的品牌名称，虽然该单词是两个普通单词——"电子"（electronic）和"评价"（opinions）的组合。（dotcom 是一个通用词，它表明了"电子评价"是互联网站上的一个品牌名称。）

"评价网"（Opinions.com）会奏效吗？不会。评价是一个通用词，有许多网站具备评价功能。但是，"电子评价"（Epinions）只有一个，它是一个真正的品牌名称。

唯一性（定律5）

电子评价网已经演示了打造互联网品牌最重要的一条定律：为了建立一个强大的品牌，你需要率先进入一个新品类。当你是第一个时，你就能率先抢占业务，并且阻止竞争（第二名在网上处境不妙）。

此外，"率先"还能产生大量的公关。"电子评价网"在《纽约时报》上已经成为一篇4页文章的主题。

如果电子评价网决定以大型广告活动启动网站，那真是讽刺。

的确，世界已淹没在广告中，铺天盖地的广告最终反映的是千百万家制造商的意见，而来自消费者的意见却很少能公开发表。（嗨，达美航空公司，什么时候你才会简化你的费用结构？）

媒体处于中间，它们向社会描绘了第三方所证实的观点。与广告相比，媒体的背书对消费者的影响力更大。

在互联网的世界里，你用公关建立品牌，用广告维护品牌。

时间性（定律8）

"包括黑夜骑士在内，"雨果（Victor Hugo）写道，"没有什么能够阻止代表一个时代的新创意的到来。"无论这个创意看起来可能有多么革命，如果把它归结为一个独立个人的主张，就是谬误。如果仔细回顾历史就会发现，许多伟大的革命性进展（汽车、飞机、个人电脑），事实上都是被许多不同企业家同时发掘的。

最后的赢家并不总是那些具有最佳创意的人，而常常是最先执行的人。要建立一个强大的品牌，你确实需要一个创意，但同时也需要有时间的紧迫感。

互联网就像是拓荒前的美国西部淘金热，又如俄克拉荷马州的土地抢夺战。如果错过了互联网，你将会错过一生只有一次的机会。

1994 年，两位斯坦福大学的学生 —— 杨致远和大卫·费罗（David Filo）创建了雅虎，一个互联网搜索引擎。仅仅 5 年后，该公司的股票市值就达到 1 140 亿美元。

互联网是 10 年难得一遇的将会改变日常生活许多方面的革命性奇迹，它把许多相距遥远的人链接到了网上。

为了在本书中论述互联网的意义，以下是我们选择的在过去 50 年中最重要的技术发展：

20 世纪 50 年代，电视；

20 世纪 60 年代，大型主机计算机；

20 世纪 70 年代，电子芯片；

20 世纪 80 年代，个人电脑；

20 世纪 90 年代，互联网。

要记住最重要的是，这每一个发展都几乎使人们生活的各方面发生了巨大的飞跃性的变化。

20 世纪 50 年代，电视把美国变成了"在家"社会。电视把收音机从娱乐媒体变成一种音乐和新闻的媒体；电视把政治从事件导向的竞争转变成个性化导向的竞争；电视改变了我们的饮食习惯，改变了我们获取新闻的方法以及我们的运动偏好（在电视到来前，棒球是美国的第一运动；之后，足球取而代之。为什么呢？同样通过电视，足球比赛的场面更好）。

电视也影响了世界政治。它用画面带领我们进入了诸如波黑、科索沃和索马里的战争，它向我们展示了美国在越南战争的失败和在海湾战争中的胜利。

与20世纪50年代电视对家庭所产生的影响一样，在60年代，大型计算机对企业也产生了巨大影响。计算机改变了企业的各个方面，不仅体现在数据记录方面，而且还体现在制造、分销和营销方面。

大型计算机的最大作用可能和一个企业的最佳规模有关。当一个公司变得越来越大时，它内部也变得缺乏效率。仅仅为了了解组织中其他人在做什么，就需要涉及太多管理阶层，动用太多沟通渠道，花费太多时间。

大型计算机提升了企业最合适规模的限度。它确确实实地使具有超级效率的巨型企业成为可能，并直接引导企业全球化业务（通用电气公司在大型计算机业务中可能已经失败，但是大型计算机使得通用电气公司成为如今的全球化企业）。

电子芯片在20世纪70年代是"看不见"的技术革命。现在，事实上每种使用电力的产品、用具或设备，包括汽车、电话、照相机、录像机、电炉、洗衣机、烘干机和电动牙刷等，都有一个极小的电子芯片在控制它的运作，几乎找不到一种有用但并没有从电子化革命中获益的设备。

"普及化"是电子化行业在20世纪70年代的集体呐喊，而且事实证明它是对的。电子芯片已经延伸到了各行各业，每一种应用都是可能的。（它甚至可以被安置在人体内作为一个起搏器，以及放入其他的"智能"设备中。你甚至可以给你的狗安装一个内置芯片，让它迷途知返。）

个人电脑在20世纪80年代拉近了家庭和办公室的距离，并为两者带来了革命。它使得生产打字机和从事文字处理的公司退出市场，而且差一点使秘书这种职业消失。

20世纪最重要的产品可能是1981年8月推出的IBM个人电脑。它直接导致了微软和英特尔这两个世界上最强大的公司的崛起。在从电子数据表到图形，再到个人财务软件等一系列有用的软件产品成为潮流后，一个巨大的产业诞生了。

《时代周刊》把个人电脑选为1982年"年度明星"，足见个人电脑的影响之大。

20世纪90年代，伴随着个人电脑、电子芯片、大型计算机和电视而出现的互联网也将写下自己的历史。50年里发生的这些不可思议的变化，给我们的生活和工作都带来了革命性的改变。

在这五项变革中，互联网将会成为最重要的变革，它将比其他四项变革在更多的方面改变我们的生活。

而且，变化才刚刚开始。要记住的一点是，即使你没有网站，你不在互联网上做生意，甚至你的产品或服务永远不会在网上出售或做广告，互联网仍将改变你的业务。

互联网也已经改变了作者的生活。在过去几年，我们已在网上做了广泛的调研，包括本书的材料。我们在poodles.com上购买书籍、光盘、机票、电脑、家具、艺术品、办公用品，甚至一条狗。几乎我们最近所有的战略咨询项目也都与互联网相关。

快速成长的万维网自身就预示着一场未来的革命。在世纪之交的时候，互联网上有 900 多万个网址，其中 80% 为网络公司的网站，而且该数字以每周增加 5 万的速度增长。

　　因此，系紧你的安全带，准备好与生活一同起飞。这是互联网的时代，而且未来属于那些能在网上出色地建立起品牌的人们。

　　最后，我们将此书献给广大读者。

IMMUTABLE
LAWS OF
INTERNET
BRANDING

定律 1

二者其一定律

The Law of Either/Or

互联网可以是业务，也可以是载体，但无法两者兼具。

把你的品牌名放在网站上并不意味着它就是互联网品牌了。品牌和互联网品牌是两回事。

如果你想要建立一个互联网品牌，你就不该把互联网当做一个载体，你要把它当做一项业务。

你可能会想，互联网就是媒体，像报纸、杂志、广播和电视一样。也许确实是这样，但如果你想要建立一个强大的互联网品牌，你就必须把它视做一个机遇，而不是一个载体。你要把互联网视为一项全新的业务，没有历史的痕迹，有着无穷无尽的机会，你可以利用这些机会率先在消费者心智中创建品类。

- 在互联网上创建了最成功信息网站的，并非 ABC 广播公司、NBC（国家广播公司）、CNN（有线新闻网）《纽约时报》《华尔街日报》（*The Wall Street Journal*）《时代周刊》（*Time*）《商业周刊》（*Business Week*）或《新闻周刊》（*Newsweek*），而是雅虎（Yahoo!）。

- 在互联网上创建了最成功书店的，并非巴诺（Barnes & Noble）、沃尔顿（Waldenbooks）或鲍德斯（Borders），而是亚马逊。

- 在互联网上创建了最成功交易网站的，并非苏富比（Sotheby's）或佳士得（Christie's），而是 eBay。

- 在互联网上创建了最成功互联网服务供应的，并非 AT&T、微软或有线电视公司（Cablevision），而是美国在线（America Online）。

众所周知，互联网可以改变任何人的生意。但是如何改变？对此，你可以做什么？你很容易就走错一两步。你可能认为互联网无所不能或一无是处。

当你认为互联网可以完全取代传统处理业务的方式时，你就夸大了它的作用。没有任何新媒体可以做到，电视没有取代广播，广播没有取代杂志，杂志也没有取代报纸。

当你认为互联网根本不会影响你的业务时，你就小看了它的作用。就像每个新媒体都会对既有媒体带来影响一样，新媒体也会对各项业务造成影响。举个例子，在电视出现之前，广播是最主要的娱乐媒体，如今广播主要是音乐、新闻和谈话节目的媒体。

也许你会想，很好，我们可以把互联网放在正中间，将它作为我们营销手段的另一个利器。那么，你就大错特错了。当你设法把互联网品牌和某种实体或现实世界的品牌一样看待时，你就折断了你的品牌。没有一个品牌能满足所有人，尽管很多互联网专家会那么说。

引用一位互联网领袖的理论："互联网商业要成为一个更广泛的电子商业战略，这种战略可以衍生出顾客与你之间的多种电子商务途径，包括电话、传真、电子邮件、公用电话、掌上电脑和网站等。"

许多品牌的持有者遵循了这种战略。他们把现有的品牌放到互联网上，然后等待奇迹出现。于是，就有了这样一些网站：

- 李维斯网站（Levi.com）、码头工人网站（Dockers.com）、芭比网站（Barbie.com）。
- ABC 网站（ABC.com）、福布斯网站（Forbes.com）、华盛顿邮政网（Washingtonpost.com）。
- 福特网站（Ford.com）、通用汽车网站（GM.com）、戴姆勒－克莱斯勒网站（Daimlerchrysler.com）。

"网络外"（outernet）⊖的品牌熟悉度可以培养出人们对其在互联网上的兴趣吗？一项由福里斯特调研公司（Forrester Research）针对 16 ~ 22 岁人群的研究结果表明，答案是否定的。根据马萨诸塞州剑桥公司的看法："一些在线下最为热门的品牌没有线上价值。"

这并不令人意外。有哪个全国知名的报纸或杂志转换成电视了吗？没有，它们全部失败了。最显著的是《今日美国》（USA Today）和《时尚好管家》（Good Housekeeping）。（《今日美国》电视版第一年损失约 1 500 万美元，在第二个季度就被取消了。）

业务经理和军事将领有许多相似之处，他们都会用以前战役中用过的武器来打他们下一场仗。来看看模仿真实世界的网站浪潮，网站的波动证据模仿了真实世界。

⊖ 泛指互联网以外的传统媒体，如杂志、报纸、书籍、电视等。——译者注

微软公司利用大量公关资源推出的 *Slate* 杂志就是一个典型的例子。通过一个半名人化的编辑 [迈克尔·尼斯利（Michael Knisley），因在 CNN 的 *Crossfire* 而闻名]，*Slate* 作为一份传统杂志的网上版本挣扎存活，包括一年 29.95 美元的传统杂志订阅价格。

由于只争取到 28 000 人订阅，*Slate* 转向了更为典型的网站传统定价，每年 0 美元。*Slate* 网站的访问量极速上升，每月接近 100 万人次。问题是，微软公司免费分发这些杂志如何赚钱呢？

答案显然是通过广告，但我们认为也不会奏效。（参见"定律 6"）。《沙龙》（*Salon*）杂志自 1995 年开始就在网上出版，尽管它每月吸引着百万以上的访问者，该杂志依旧没有盈利。上一年度它公布的收入仅为 350 万美元，并主要来自于广告。

事实上，互联网与杂志之间没有太多的类比性，同收音机、电视、书籍或者报纸之间也没有类比性。互联网就是互联网，它是一种具有自身独特新需求和新要求的载体。创建一个互联网品牌不能通过使用传统的品牌战略。

在互联网上，要着手建设品牌时，应该从忘记过去已经学过的一切开始，并问自己两个问题：

（1）在互联网上，什么是有效的？

（2）在互联网上，什么是徒劳的？

希望本书能回答你如何才能建立一个强有力的互联网品牌的问题。本书中的材料不是基于在其他媒体的有效战略。相反，它是建立在我们为无数的互联网初期品牌制定发展战略的经验基础上的：什么是有效的，什么是徒劳的。

由此，你首先必须要做出的最为重要的决策就是：对于我的产品或者服务而言，互联网是一项业务还是一种载体呢？

如果互联网是一项业务，那么你必须从起跑线开始。你必须发展出一个全新的战略、一种全新的业务模式，以及（最重要的是）一个全新的名称。

谁会在网上书店的战争中胜出呢？亚马逊、巴诺，还是鲍德斯？有人怀疑亚马逊会成为大赢家吗？应该没有。如果互联网是一项业务，那么把你的名字同时放在实体商店和网站上就是一种严重失误。

谁会在网上银行的战争中获胜？花旗网上银行（Citibank.com）、摩根大通网上银行（Chase.com），还是美国银行网上银行（Bank of America.com）？

都不是。在银行战中，将会由仅仅从互联网起步的某家银行胜出，如维斯潘网上银行 wingspanbank.com。为什么？因为网银将会成为一种互联网上的业务，而不是依附于互联网仅将其作为载体。

如果将互联网作为一种载体，那么你可以使用现有的品牌名称。互联网成为一种现存媒体的补充或者替代物，成为它们的收音机、电视、直邮广告、报纸或者杂志等。

事实上，如果你愿意，互联网可以是一种很好的信息载体，一个电子化的图书馆。每家业务成规模的公司都需要一个网站，向它的客户和潜在顾客提供关于公司产品或服务范围的信息，如价格、交货期限、保证、颜色、尺寸和顾客评价等。

一个设计良好的网站能以某种分层和互动的方式为顾客提供最新的信息，顾客不必慢吞吞地浏览过时的产品目录或特定的表格。（无纸化办公也首次成为可能。）

网站应该简化很多常规的商业交易。如果你想要订阅《新闻周刊》，只要连接上服务器，在浏览器地址栏中输入 www.newsweek.com，进入《新闻周刊》网站就可以订阅。输入你的姓名、地址以及信用卡或者银行账户号码即可，不用填写夹在杂志里的订阅卡，不用贴邮票，不用去邮局，也无需拨打电话。

在这个例子中，你会发现产品并没有变化。《新闻周刊》仍旧是一份由美国邮政局每周送出的杂志，互联网成为一种简化产品销售的载体，它同时也让你可以试用产品（在线预览），这样你就可以决定是否订阅。

当然，对于某些品牌来说，互联网将会取代既有的分销方法（任何对电话依赖性较重的业务都是转移到互联网的候选者，鲜花速递和比萨外送就是两个显而易见的候选者。）

有三个依赖电话较多的大品牌（戴尔、思科和嘉信理财）正在以同样的名称转向互联网。

戴尔正处于转向在互联网上销售的过程中。当然，它不会一夜之间转变，但是你可以预见戴尔的大多数业务将会在网上完成。

（2000年，来自互联网客户的收入占到戴尔总收入的40%。）

对于戴尔而言，互联网不仅增加了公司的收入，而且已经以多种方式产生了回报。互联网已帮助公司把销售和管理成本从占1995年收入的15%降到2000年收入的9%左右。

思科是世界上最大的网络设备供应商，也已转向了互联网。2000年，思科通过互联网管理了它自己75%以上的业务。转向互联网，使思科从填写订单到交货时间由3周减少为3天。此外，思科总收入增长了500%，而客服所需要的雇员人数仅仅增长了1%。

嘉信理财也正在由电话转向网络。它已经成为在线经纪人的领导者，拥有300万个以上的互联网客户（而且每天都有成千的增加）。2000年，嘉信理财每天处理大约236 000笔交易，其中的80%是通过电子化来完成的。

最初，嘉信理财认为它的互联网操作需要一个独立的名称，因此它起了一个"eSchwab"的名字。后来，公司把名字缩短为"Schwab"。

嘉信理财的情况说明了两个重要原则：其一，当你将生意移到网上时，你可以使用同样的名称；其二，在互联网上的名字越短越好。Charles Schwab（嘉信理财）不是一个特别长的名称，但公司仍然决定在网上把它缩短为"Schwab"。

如果你可以选择，不要在一个长名字上冒险。当潜在顾客必须通过键盘敲入一个名称时，他们将倾向于较短的名字。

美林证券（Merrill Lynch）也正在转向互联网。也许同时使用它现在的名称（MerrillLynch.com）和它的词首大写字母（ML.com）是错误的。与嘉信理财不同，美林证券的互联网转移仅仅是一小步。公司显然没有要放弃为公司带来大部分业务的 14 800 个高收入股票经纪人的意图。

美林证券的网站对于和公司经纪人交易的顾客而言，发挥了信息资源的功能，而不是作为一项独立的业务。如果美林证券想把互联网当成一项业务，公司需要发展一个单独的名称（参看"定律 9"）。

美林证券占所有由个体在网上完成的证券交易的 30% ~ 35%，它与嘉信理财相比，处于不同的位置。它只有四种选择：

（1）什么都不做，这也不失为一个好主意。总有一些人想要得到某位财务顾问的个人关注。此外，什么都不做也能使美林证券避免互联网交易的负面因素。当美林证券提供和嘉信理财相同的服务时，要在竞争中责难对手就很难了。

（2）与嘉信理财一样，把业务转到互联网上。这样做在竞争中可能太迟了。此外，公司要如何对待它 14 000 多位经纪人和在其服务上的名声呢？

（3）以一个独立的名字建立互联网经纪人业务。这是美林证券在很多年前就应该做的。

（4）它正在做的，即在所有业务上使用美林证券这个名字。

这种"脚踏两船"的战略用处不大。在长期的运作中，它将严重破坏美林证券的声誉。1999 年，美林证券的首席经纪人，约翰·斯蒂芬斯（John Steffens）公开声明过："集中于互联网交易中的投资自我操作模式，应该看做是对美国人财务生活的一种重大威胁。"

在任何零售业中，信任都是一个重要因素。如果顾客不信任你，他们不可能持续地与你做生意。你替两边说话，就破坏了这种信任。一家公司应该有一个立场并且坚持自己的立场，那才是与顾客建立长期和谐关系的方法。有些时候，"一致性"比"正确性"更重要。

在任何行业中，都存在多种方法供选择的机会，但是，对于同一公司的一个品牌可能不存在多种方法供选择的机会。对于许多小型公司来说，最好的战略可能是锁定、维持以及固定网址。

胡佛（Hoover's）公司从书店起家，之后成为一家商务书籍的出版商。它出版的第一本书《胡佛手册 1991：500 家大型公司档案》（*Hoover's Handbook 1991: Profiles of Over 500 Major Corporations*）是一个巨大的成功。之后公司陆续出版了其他大量的商业书籍和参考书籍。

但是现在，胡佛公司主要是一家向各行业公司和研究机构销售有关公司档案和其他参考资料的互联网公司，公司 84% 的收入来源于它的网上服务。

Provident American 是一家哈特福特市的小型保险公司，它决定跳到网络业务。为此，它出售了传统保险业务，并切断了与 20 000 多家代理之间的关系，然后它把名称改为 HealthAxis.com。如今，它是一家销售各大承运方健康保险的互联网公司。该公司指出，通过削减掉中间方，它的产品价格比线下市场保险销售价格低 15%。

拉里·莱瑟姆（Larry Latham）是一个拍卖商，专门出售在宾馆舞会上回收来的单亲家庭住宅。尽管年销售额高达 6 亿美元，他仍然决定要关掉公司的 14 个分部办公室，并转向互联网。他雇用了 22 名计算机专家，把公司更名为"家庭拍卖网"（Homebid. com）。在一项网站测试中，他通过网站以目录均价 97% 的价格卖掉了 147 幢住宅中的 136 幢。

大公司有足够多的资源支持互联网业务和线下业务。但是通常而言，它们需要通过为互联网业务起一个不同的名称来区分这两种业务。

安利公司是世界上最大的直销公司，年销售额达 30 亿美元，它决定将自己特有的分销体系搬到互联网上，但不是用"安利"这个名字，它新的互联网名称为"Quixtar.com"。

宝洁公司正在使用网站销售美容护理产品，但没有用玉兰油或者它的任一其他品牌名称。相反，宝洁创造了一个新名称（Reflect.com）和一种新战略。在这个网站上，消费者可以"个性化"选择他们的美容护理产品。

你如何判断互联网对于你的品牌来说是一项业务还是一种载体呢？你要问问自己以下的问题。

（1）品牌是有形的还是无形的？对于有形产品，互联网倾向于作为一种载体；对于无形的产品，互联网倾向于作为一种业务。无形的产品尤其适合建立互联网品牌，包括银行、保险和股票交易等。

在线股票交易仅仅是互联网冰山的一角。我们期望所有类型的金融服务快速地转到网上，这样可以节省大笔资金。美国运通公司估计，持卡人每次用互联网取代电话查账就可节省 1 美元。

旅游是正在转向互联网的另一个品类。在 1999 年，使用互联网预订旅游的游客数几乎成倍增长，从 9% 增长到 17%。

（2）品牌是流行的吗？互联网对于流行的产品，倾向于作为一种载体；对于其他产品，则作为一种业务。服饰通常是流行性的，而电脑产品通常都不是。当流行是一项主要因素时，在网上建立业务就很难。

我们预计 Nordstromshoes.com 不会有很大成就，即便该网站投入了 1 700 万美元的广告费用。广告做得很有趣，但潜在顾客是不可能通过互联网购买那么多鞋的。一家做鞋的网站主要有三个问题无法回答：这鞋适合我吗？我穿起来好看吗？它们会舒服吗？

（3）产品有数千种变化吗？如果是这样，互联网倾向于作为一种业务，如书籍。对于一家现有的零售商，要在一个有着极其繁多的可选择的品类中竞争是很难的。例如，一家书店不可能存有亚马逊上的所有书籍。

另一个有可能将业务转移到网上的品类是办公用品。它的选择实在多，没有一家实体商店能容纳一家公司可能想要购买的所有产品。

在互联网占主导地位的经济中，产品的多样性可能成为一个主要的战场。把食品店排除在外，在任何一家商店游逛的人们，大约有一半没有购买任何东西就走了出去。主要原因就是商店没有储备顾客正在寻找的产品。

既然顾客有能力在网上找到他们想要的任何东西，制造商就要以这两种方式中的一种做出回应。

如果实体商店是你的主要分销渠道，那么你就要减少供应的产品种类。例如，康柏公司对戴尔公司最好的回应就是缩减它的产品线，并将大量的电脑产品从电脑零售商店的货架上撤下来。当你制造了太多种产品，你就能确信，顾客想要的那一种并不在存货中。

如果互联网是你的主要分销渠道，那么你就要推出尽可能多的款式、尺寸和颜色等。

（4）在品牌的购买中，低价是一个重要因素吗？如果是，互联网倾向于作为一种业务，如 eBay 和价格热线网（Priceline.com）。

消费者可以通过大量的网站迅速比对价格，这使得互联网成为一个对价格非常敏感的媒体。甚至有像 MySimon.com 和 DealTime.com 这样的网站，通过派出网络机器人去检查价格。如果你没有一个具有竞争力的价格，只能祈求上帝帮助了。

因为这种价格压力，在互联网上建立一个品牌的最大挑战就在于解决如何赚钱的问题。对许多品牌而言，这将是一个严重的问题。

汽车是互联网可能改变购买模式的另一个品类。Garpoint.msn.com、Autobytel.com 和其他汽车销售网站正在开始把自身作为品牌来建设。原因很简单：在网上比价很容易，而且不必与销售人员讨价还价。

（5）与购买价格相比，运输成本是一个重要因素吗？如果是，互联网倾向于作为一个载体，如杂货店。像 Homegrocer.com、Webvan.com、Papod.com 以及其他杂货公司，不太可能在互联网上建立成功的品牌。

送牛奶的人过去常常在每天早晨送新鲜牛奶。我们确信许多家庭希望他们的牛奶是当天的，但（通过互联网业务）他们就不能拿到当天的牛奶了。为什么？因为（运输成本高）不划算。

杂货店店员过去常从背后出来，帮你从货架上取下所选物品，但以后不会再有了。自助服务会更加经济。

在互联网时代，我们会倒退吗？自助服务死了吗？我们不这样认为。但是，许多营销专家正说着相反的话。宝洁公司前任品牌经理道格·霍尔（Doug Hall）说："正如我们所知，杂货店将在商业中消失。"

未来学家费丝·波普康（Faith Popcorn）走得更远。她认为，到 2010 年，所有消费品的 90% 都会送货上门。"他们将在你的车库里放上一个电冰箱，在你餐具上贴上条形码。每周他们将重新放好你所喜欢的产品，你无需不断地重新订购。他们甚至取走你要干洗的衣服，归还你租的录像带，以及你需要的其他任何东西。"

互联网是 21 世纪最大的技术发展，但请我们不要失去自制力。仅仅因为某些事是可能的，并不意味着它一定会发生。杂货店业务有三个打击它的理由：一是高选择成本，也就是说，成本包括在仓库中挑选和包装产品；二是高运输成本；三是低利润。连锁超市在销售中的平均利润率为 1% 或 2%。

一家互联网公司要承担包括挑选、包装和运输等额外成本，而且以一种低利润的业务来实现盈利是很难的。可以确信的是，它是一个可填补空缺的市场，但没有主流品牌。

前面已经说过，我们不能总是自称是正确的一方。1999 年一家网上超市——Webvan 集团收到了由风险投资者提供的最大金额的风险资金，高达 2.75 亿美元。此外，Webvan 设法抢到了前安达信咨询公司的高管来领导它的团队。有些人会把鸡蛋砸在他们的脸上，希望这些人不会是我们。

一些咨询顾问说，你既需要互联网业务，也需要零售业务，这样在将来才能成功，即所谓的虚实合一战略。否则，你如何退回在网上订购的东西？这也是一些专家愚蠢地预测巴诺的销售额最终将超越亚马逊的一个理由。

不要相信它。人们不会基于容易退回产品而购买。当然这是一个因素，但不是决定去哪里购买的主要因素。信誉、选择和价格更加重要。要建立既选择优又价格低的信誉是不可能的。也就是说，如果你既要是实体商店，又要是互联网商店，你正在做的一切都使人们迷惑。

西尔斯网站（Sear.com）会取得很大成功吗？不可能。

当然，没有一个因素能决定你的品牌是否应当成为一项互联网业务，或者将网络仅仅作为推广品牌的另一种载体。在你决定以前，你必须仔细考虑所有的因素。

然而，在其他一些品牌把你打得千疮百孔前，你应当做出决策。

IMMUTABLE LAWS OF INTERNET BRANDING

定律 2

互 动 定 律
The Law of Interactivity

没有它，你的网站和品牌将一无是处。

自 20 世纪 50 年代早期电视出现后，还没有人见过像互联网这样的技术革新。曾经一度，互联网的应用每月都在翻倍。

电视和互联网之间是有关系的，它们都是传播的媒体。没有什么比引入一种新的大众传媒方式能更有力地影响到更多的人。

在人类的历史上，曾有五种这样的传媒方式出现：⊖

- 书籍；
- 报刊；
- 广播；
- 电视；
- 互联网。

生活越来越复杂，新媒体没有取代旧媒体。广播没有取代报刊或书籍，电视也没有取代广播。新媒体依附在老媒体的基础之上，不断改造和修正既有的媒体。

- 当然，最早的大众传媒是人类的声音，至今也仍然是传递信息的有效方式。此后每个主流媒体都以其具有的独特而备受赞赏的特质产生巨大的影响力。
- 书籍倍增了一个个体所能触及的人的数量。它不仅能使

⊖ 虽然电话是一种通信设备并且长期影响着人们的生活，但它并不具有一种大众传媒应有的特质。

千百万人分享思想和观念，而且还能使作者的观点代代流传。

■ 报刊增加了新闻的特质。大众可以分享他们所在城市或国家乃至全世界发生的最新新闻事件。本质上，报刊与书籍出版采用相同的程序并且是加速地出版，一本书的出版需要数月（不幸的是现在仍如此），报刊却可在一夜之间印刷完成。

■ 广播增加了人声的特质。新闻和娱乐信息的传播可以加入情感和个性。许多名人都曾利用收音机可以传达的情感效果来发表演说。

■ 电视增加了动态画面的特质。电视机，也就是有活动画面的收音机。当然，电影画面是电视的先驱，至今电视的大部分内容仍然通过动态画面呈现。电影仍然是一种强大的情感媒体，但不是大众媒体。因为当电影首映的时候，你不得不去电影院看。

■ 互联网呢？它给传播平台增加了什么特质？

如果将互联网与其他主要的媒体比较的话，它开发了一种全新的特征。

我们相信历史将把互联网列为最伟大的媒体。原因很简单，互联网是大众媒体中唯一允许互动的传播媒体（领先的互联网商业出版机构叫 Inter@ctiveWeek，非常合适）。

在互联网上，品牌在互动时代里生存或消亡。从长期来看，互动性会区分出什么能够在互联网上运作，什么不能。在互联网上打造品牌的秘密，在于你能否以互动的方式向消费者和潜在顾客传递信息，你将不得不放弃很多传统的品牌打造方法。

以广告为例。传统的广告方法在互联网上会有效吗？当然没有。

要面对现实，人们逐渐不喜欢广告了。为什么人们更喜欢遥控电视呢？因为它可以在广告出现的时候迅速换台。

在互联网上，你的潜在顾客可以完全控制他们要看的、要读的和要听的内容。有任何理由去怀疑他们在看到广告信息时不会立刻关闭窗口吗？

和广告一样，许多传统的通信方式在互联网上都不会有效。再以报纸和杂志为例，你如何成功地在互联网上发行报纸和杂志？互动性在哪里？

在互联网上，报纸和杂志唯一能具备的"互动性"大概就是能让你决定阅读的顺序。但是，这一点你能在现有的出版物上做到了。[许多读者看报纸先看体育版，《花花公子》（Playboy）的读者会从杂志中缝开始。]

把杂志放在广播或电视上同样不会有效。事实上，有很多出版物都曾竭力把它们成功出版的杂志投入广播和电视的竞技场，都失败了。为什么？广播的要素是人声，电视的要素是动态画面，而印刷的出版物只是待在那里，它不说也不动。

Slate 并非唯一一本正在逐渐消失的互联网杂志。《沙龙》杂志已经在网上发行了四年，也没有造成什么影响。在 1999 财年里，《沙龙》只有微薄的 350 万美元的收入，大部分还来自广告。

TheStreet.com 是一份网络报纸。尽管它的创始人之一詹姆斯·克拉默（James Cramer）为它创造了大量的公关效应，但网站依然持续亏损。拥有不到 10 万的用户和非常有限的广告收入，TheStreet.com 当年收入 3 000 万美元，但亏损可能达到 3 600 万美元。

互联网广告正在走向没落，因为越来越多的公司意识到，在一个交互媒体上投放广告无用。那么，网站把它们的广告费都花到哪去了？令人惊讶的是，不是投放到网络上，而是电视、报纸和广播这些传统媒体上。

唯一成功的网上出版物是《华尔街日报》的互动版，2000 年有超过 30 万的付费读者。随着证券市场的繁荣，一个直接针对富人读者的高档出版物的确有它的意义。

当然，它相对成功的另一个原因还在于价格。互动版的《华尔街日报》就像是特价商品，常规的纸质出版物一年的订阅费用是 175 美元，网上互动版的年费只要 59 美元，更大众化的价格是每年 39 美元。

如果一家有着更好的互动性的网络出版物以一个不同的名字上市，它会不会给道琼斯股指带来大幅上扬呢？

看一看《60 分钟》（60 Minutes）的成功，这个电视节目多年来排在尼尔森收视统计的第一名。虽然《60 分钟》看起来像杂志，它确实有专门为电视设计的个性化版式。而且，《60 分钟》从来不会把自己锁定在一个既有的杂志名中。

在一种媒体上可运作的东西不一定能在另一媒体上运作成功。事实上，在一种媒体上的成功很有可能意味着在另一种媒体上的失败。

- 有哪份报纸同时拥有成功的杂志品牌？我们没发现。(《华尔街日报》曾竭力推出的《华尔街日报杂志》，它失败了。) 唯一能成功的报纸"杂志"，是在星期天出版并随报纸免费发送。当然这也不是我们所理解的成功品牌。
- 有哪份杂志同时拥有成功的广播品牌？我们没发现。
- 有哪个广播节目同时拥有成功的电视品牌？我们没发现。
- 有哪个电视节目同时拥有成功的有线电视品牌？我们没发现。

最大的有线电视媒体——HBO、ESPN、CNN、A&E、MTV、QVC、Showtime、Nickelodeon——并不是广播品牌的延伸，而是专门为有线电视而设计的品牌。

然而，太多的公司将自己锁在过去，它们总是试图将昨天的名字用在明天的媒体上。例如，新闻公司（News Corp）——《电视导购》（*TV Guide*）杂志的所有者——就用其电视频道的名称"电视导购"来命名互联网品牌"电视导购在线"（TV Guide

Online）。没有一个战略会奏效。

如果你想在互联网上建立一个品牌，你需要专门为这一新媒体设计一个新品牌。换句话说，你要在你的网站上建立起互动性，而且通常你需要一个新的名称。

再次强调：网络和其他媒体的不同就在于互动性。除非你的网站具备这一关键元素，否则必然会在网络空间里迷失。

竞争很激烈。在美国，网站比注册的商标还要多。

互动性并非仅是一种从菜单选择的能力。（在阅读书籍或杂志时，索引也能起到同样的作用；通过电话按键或在餐馆索要菜单都能实现选择。）

互动性是能发出指示使其按照你的要求提供信息。试试亚马逊，输入一个主题，界面会按照你的要求提供一个书单，你也可以按作者或标题来检索。再比如，不用看酒单，你能要求列出价格低于 40 美元一瓶的法国红葡萄酒的清单。而在餐馆则不能实现这种互动性，甚至酒侍也没有那么人性化。

互动性还体现在网站在你原始寻求的基础上提供额外的信息。你在亚马逊网站上选择购买一本书，网站页面还会显示购买过这本书的读者选择的至少三本其他图书。

互动性能让你在网页上增加个人信息。最佳的互联网站点是双通道的。在亚马逊网站，你可以从一颗星到五颗星给你读过的书评级，在购买之后几个小时之内就能在网页上发布对这本书的评语。

互动性还体现在处理几乎是瞬时变化的复杂的价格系统。以机票为例，一个航空公司网站能向你提供一系列的费用、航班、日期和条件的选择，并给你报出当前的价格以便你考虑接受或放弃；它们也能推介最低价格的航班表。（思科就是一家成功地利用网络操作的实时性报价技术的网站。）

互动性也有实现各种测试的能力：智能测试、驾驶测试、职业态度测试和心理测试。一些这样的网站将会成为大品牌和拥有大业务。

互动性也有引导拍卖物品的能力。价格热线和 eBay 是两家已经开发了此项功能的大型网站（2000 年 eBay 市值为 180 亿美元，价格热线市值 79 亿美元）。

互动性也包括分析各种症状并给出对策的能力。我们曾与一位知名人士合作发展一个个性化网站，首页就是人们可能要遇到的各种问题的菜单。

我们建议："不要那样做，让界面更互动一些，向访问者提出一系列问题，再让你的电脑告诉你问题出在哪儿。"

互动性在病人和医生、学生和教师之间是一个强大的中枢接口。你去看医生并描述自己的症状，医生诊断你的问题并开出合适的药方。这样的互动在网上就可实现。

互联网会催生成功的医疗和教育机构吗？为什么不呢？当然可以。因为这些正是基于互动的学科。

哈考特·杰纳勒尔（Harcourt General）创办了哈考特大学，

一所可以让学生参加等同高校考试的网上大学。你无需怀疑, 会有成百上千的哈考特涌现出来。

拿函授课程和网络课程相比, 目前最好的函授课程只能一个星期或半个星期进行一次交流, 而网络却大大加速了这一进程。

IMMUTABLE LAWS OF INTERNET BRANDING

定律 3

通用名称定律
The Law of the Common Name

通用名称是互联网品牌的死亡之吻。

"市场营销最重要的决策就是给产品命名。"在 1980 年出版的《定位》一书中,我们是这样说的。那么,网络如何改变了品牌名称的角色呢?

在定位时代,名字很重要。在网络时代,名字是关键。

这里有一个原因。在前网络时代,品牌总有一个可视的组成。尽管名称是最重要的因素,但可视部分也同样影响着品牌的购买率。例如,可口可乐瓶的形状,柯达胶卷包装的颜色,英特尔的标识,麦当劳的外观和选址。

网络剔除了这些可视部分,你只需输入几个字母就能进入网页,无需图片、颜色、标识和形象。

如果名称是关键,那为什么大多数的网络品牌名称都很差呢?这么说还是委婉的。确切地说,大多数的网络名称不是差,而是糟透了。

一些典型的互联网品牌名称有:广告网(Advertising.com)、购买网(Buy.com)、社区网(Communities.com)、烹调网(Cooking.com)、巡航网(Cruise.com)、台式电脑网(Desktop.com)、鲜花网(Flower.com)、花园网(Garden.com)、齿轮网(Gear.com)、礼品网(Gifts.com)、五金器具网(Hardware.com)、高保真网(Hifi.com)、主页网(Homepage.com)、图像网(Images.com)、个人网(Individual.com)、成分网(Ingredients.com)、法律网(Law.com)、邮件网(Mail.com)、办公室网(Office.com)、电话网(Phone.com)、明信片网(Postcard.com)、

销售网（Sales.com）、歌曲网（Songs.com），运动网（Sports.com）、票务网（Tickets.com）、选举网（Vote.com）、天气网（Weather.com）、酒网（Wine.com）和女人网（Women.com）等。

这些都不是小得不起眼的公司，大公司或风险投资商都已为它们掷下重金。例如，台式电脑网到位的第一笔投资多达 2 900 万美元，电话网从市场融资 68 亿美元，购买网计划 2000 年的广告预算为 5 000 万美元。

这些名称有什么问题呢？它们都是通用名称。

一个通用的名称是为某一类事物设计的。如"汽车"是一个通用名称。

一个独特的名称是为一个特定的事物设计的，如"梅赛德斯－奔驰"是一个独特的名称。

传统上，品牌名应该是独特的（如果你是语言学家或为美国商标局工作，你会将品牌名作为独特的形容词，如"梅赛德斯－奔驰的汽车"。但是，大多数人将品牌名当做名词使用，他们会说，"我开梅赛德斯－奔驰"，而不是"我开一辆梅赛德斯－奔驰牌汽车"）。

众所周知，世界上大多数有价值的品牌名都使用独特的名词，不是通用名。据品牌咨询机构 Interbrand 的统计，至 2000 年，世界上共有 60 个著名品牌名的价值超过 10 亿美元，没有一个是通用的名称。

这 60 个典型的品牌包括可口可乐、微软、福特、迪士尼、英特尔、麦当劳、万宝路、诺基亚、雀巢、惠普、吉列、柯达和索尼（据 Interbrand 统计，这 60 个品牌名总值达到令人难以置信的 7 294 亿美元）。

在此后的几年里，你会在世界最具价值品牌名的榜单上找到这些网站吗？例如，可乐网（Cola.com）、软件网（Sortware.com）、汽车网（Cars.com）、孩子网（Kids.com）、筹码网（Chips.com）、汉堡包网（Hamburgers.com）、烟草网（Cigarettes.com）、蜂窝电话网（Cellphones.com）、咖啡网（Coffee.com）、计算机网（Computers.com）、剃刀网（Razors.com）、照片网（Photos.com）和电器网（Electronics.com）等，我们不这么认为。

从起初阶段就开始管理互联网的 30 多岁的首席执行官疾呼："互联网是不同的。"你不用穿制服、打领带、穿皮鞋，不用去赚钱，你就能得到成百万的股票期权，还可以使用通用的名称来命名你的网站。

是这样吗？就品牌名称而言，互联网真的不同吗？至少目前为止，看上去并非如此。

- 领先的互联网服务供应商（Internet service provider）不是 ISP.com，而是美国在线。
- 领先的网络搜索引擎（search engine）不是搜索引擎网（Searchengine.com），而是雅虎。
- 领先的网上书籍零售商不是书籍网（Books.com），而是亚马逊。

■ 领先的工作搜索网站不是工作网（Jobs.com），而是 Monster.com。

■ 领先的拍卖网站不是拍卖网（Auction.com），而是 eBay.com。

■ 领先的机票报价网站不是机票报价网（Airlineticketbid.com），而是价格热线。

■ 领先的旅游网站不是旅游网（Travel.com），而是 Expedia.com。

■ 领先的电子贺卡网站不是贺卡网（GreetingCard.com），而是蓝山网（Bluemountain.com）。

60 个最有价值品牌名中有两个是互联网网站：美国在线，价值 43 亿美元；雅虎，价值 18 亿美元。你会注意到，美国在线和雅虎都是独特的名词，而非通用名称。

尽管一切证据都表明有效的与现行的是相反的，为什么互联网管理者还是继续使用通用名称而非独特名称来命名网站呢？主要有三个原因。

（1）当互联网还是一个新鲜事物时，当运作的网站还很少时，当很少有人知道网站名称时，一个通用名称确有优势，你想要找一个卖鞋的地方，就输入 shoes.com。

它就像一个老式的杂货店，你想要饼干，就可以要饼干；你想要燕麦饼，就可以要燕麦饼。然而，如今超市里有许多饼干和燕麦饼，你不能只说要饼干，得说要乐之（Ritz）饼干；也不会再说要燕麦饼，而是说要培珀莉（Pepperidge）燕麦饼。

（2）当网络开始时，许多公司都是以通用名称转入这个领域的。毕竟一个通用名称是让人了解网站内容最直接、最快捷的途径。通用名称还能使用户更方便地导航到网站。

一个通用名称的优势只持续了两周，成百上千的网站就出现了。2000 年，有超过 500 万的网络公司在运营，通用名称的优势已为零。

（3）现在网络已经出现好几年了，网络公司开始有麻烦了。它们依然认为通用名称是最好的途径，某种程度上，这是一种从众心理的作用。当每个人都用通用名称时，新进入者也认为这一定不错，于是他们就跟着这么做了。

艾伦·方特（Allen Funt）用他的偷拍照相机发现了人们喜欢随大流且不管那样是否有道理的本性。故事发生在电梯里，第一个人走了进来，面向前面站着，接下来的三个人，走进来面向后面站，当第四个人进来的时候，第一个人开始感觉不舒服，他于是也转过去面向后面。

面对现实吧！只是因为大多数的网站使用通用名称并不意味着这就是你的网站的最佳战略，它仅仅意味着大多数的网络经营者屈从于集体压力。

互联网是如此年轻，以至于我们还不能确定很多结果。以下是一些通用名泛滥的状况：

- 在汽车行业：Antoconnect.com、AutoTrader.com、Autowdb.com、Cars.com、CarsDirdct.com 和 CarOrder.com。

- 在银行领域：Ebank.com、Telebank.com 和 Netbank.com。

- 在钻石行业：Ciamonds.com、InternetDiamonds.com 和 World-Diamonds.com。

- 在传真方面：eFax.com，Fax.com 和 Jfax.com。

- 在金融业：40lk.com、eCoverage.com、eCredit.com、Loansdirect.com、eHealthinsurance.com、eLoan.com、Loanwis.com、Mortgage.com 和 Studentloan.com。

- 在家具行业：BeHome.com、Decoratewithstyle.com、Ezshop.com、Furniture.com、Furnitureind.com、Furnitrueonline.com、Housenet.com 和 Living.com。

- 在杂货店领域：Food.com、NetCrocer.com 和 HomeGrocer.com。

- 在保健和营养领域：eDiets.com、eNutrition.com、HealthQuick.com 和 onHeaalth.com。

- 在宠物业：Petco.com、Pets.com 和 Petstore.com。

- 在邮政业：E-Stamp.com、Stamps.com 和 Simplepostage.com。

- 在药店领域：Drugstore.com、YourPharmacy.com 和 Rx.com。

- 在房地产行业：Gyberhomes.com、eProperty.com、Goodhome.com、Homeadvisor.com、Homebid.com、Homegain.com、Homes.com、Homeseekers.com、Homestore.com、Myhome.

com、Ourhouse.com、Owners.com、RealEstate.com 和 Realtor.com。

■ 在购物领域：IStopShop.com、Buy.com、BuyItNow.com、Netmarket.com、NowOnSpecial.com、ShopNow.com 和 Shopping.com。

■ 在旅游行业：Cheaptickets.com、Lowestfare.com、TravelHoliday. com 和 Trip.com。

这些通用名称不是从数百万的网站中随意选出来的，它们的背后都有重要的风险投资商支持，有成百万美元广告投入：

■ Art.com 2000 年花费 1 800 万美元做广告。

■ AutoConnect.com 2000 年花费 1 500 万美元做广告。

■ CarsDirect 2000 年花费 3 000 万美元做广告。

■ Drugstore.com 2000 年花费 3 000 万美元做广告。

■ Homestore.com 2000 年花费 2 000 万美元做广告。

■ Living.com 2000 年花费 2 000 万美元做广告。

■ Pets.com 2000 年花费 2 000 万美元做广告。

■ Petstore.com 2000 年花费 1 000 万美元做广告。

■ RealEstate.com 2000 年花费 1 300 万美元做广告。

■ Rx.com 2000 年花费 1 300 万美元做广告。

这些通用名称的网站只是设想努力开辟道路进入顾客心智的千万个网络公司中的几个例子。大部分情况下，这些钱等于扔进了无底洞，即使是一个很小比例的通用名称网站都别想能有回报。

（当互联网领域一个超重量级的广告代理公司称它自己为代理网站（Agency.com）时，它真是这个时代的标志吗？）

那么，有没有成功的例子呢？有。没有人会停止喝啤酒，就因为所有的啤酒牌子都用通用的名称；没有人因为所有网站都是通用名称，而放弃网上购物。

在缺乏竞争的时代，人们会从一个通用名称的网站上买东西。但是当越来越多的"独特"的名称出现以后，通用名称的网站就会被摒弃。

你必须在心智中获胜。心智把通用名称当做同一品类的代表，而不是某一个网站的名字。

在人们的心智认知中，汽车网站就是"car dotcoms"，Cars.com 如何把自己从其他的汽车网站中区分出来呢？

在人们的心智认知中，家具网站就是"furniture dotcoms"，Furniture.com 如何把自己从其他的家具网站中区分出来呢？

在网络上的大部分品牌名纯粹是通用名称，大多数的这类网站都叫人不知所措。

什么是 eToys（电子玩具）？一个 e-toy 是一个网上买的玩具，一个 eToys 是一家在网上卖 e-toys 的公司。

eToys 这个名称是非常无力的品牌名称，尽管证券市场并不这么认为。eToys 上市的第一天股价飞涨了近四倍，使公司价值达77 亿美元，比它的零售劲敌（玩具反斗城）还高 30%（1999 财政年度，eToys 收入 3 470 万美元，亏损 7 300 万美元）。

用一个像 eToys 这样的通用名称会导致以类似名称进入市场的竞争：

- eToy.com；

- iToy.com；

- iToys.com；

- Toy.com；

- Toys.com；

- Toystore.com；

- iToystore.com；

- eToystore.com。

eToys 自然会试图注册这些和其他相似的名称（像它们已经开始做的那样）。但什么时候才是头呢？要付出多少成本呢？法律体系是否会允许一个公司占有所有名称中有"toy"的网站呢？

E*Trade 是什么？ e-trade 是在网络上买卖的股票，E*Trade 是一个在网上买卖股票的公司。

像 E*Trade 这样一个名称也是很弱的。心智进行的是字面思维，而非形象思维。E*Trade 是一个品类名称，而不是公司名。

另外，不能在网络名中用"*"。为了进入 E*Trade，你需要输入 www.etrade.com。

即使 E*Trade 因第一个在网上注册而占有先机，公司的在线交易客户量仍然屈居第二（嘉信理财占第一）。

在大众传媒上的大肆宣传使 E*Trade 还能存活。但是，面对巨大的经营赤字，它还能支撑多久呢（尽管公司的市场资本估价是 68 亿美元，但 E*Trade 在 1999 财政年度收入 6.62 亿美元，亏损 5 400 万美元。）

我们又怎能确定独特的名称能在互联网上打败通用名称呢？我们能提供的唯一证据是一段百年的历史。在过去的一个世纪里，有多少通用名称成为成功的品牌？少之又少。

在互联网以外的世界，也很少有通用名称能占主导地位。更多的是由独特的名字或以"名字"命名的品牌：

- 在汽车行业：福特、雪佛兰、克莱斯勒、沃尔沃和梅赛德斯－奔驰。
- 在银行领域：花旗银行、大通曼哈顿银行（Chase Manhattan）和富国银行（Wells Fargo）。
- 在药店领域：CVS、埃克德（Eckerd）、来德爱（Rite-Aid）、沃尔格林（Walgreen's）和奥斯科（Osco）。
- 在家具行业：宜家、伊森艾伦（Ethan Allen）、李维茨（Levitz）、罗奇堡（Roche-Bobois）和 Maurice Villency。

- 在零售业：克里格（Konger）、西夫韦（Safeway）、温迪克西（Winn-Dixie）、普布利克斯（Publix）和帕斯马克（Pathmark）。

- 在百货行业：梅西（Macy's）、萨克斯第五大道精品百货店（Saks Fifth Avenue）、马歇尔菲尔德（Marshall Field），诺德斯特龙（Nordstrom）和尼曼（Neiman-Marcus）。

- 在折扣零售商店领域：沃尔玛、凯马特（Kmart）和塔吉特（Target）。

你可能会想，互联网是不同的，人们争相使用通用名称一定有它的道理。

互联网是不同的，但是潜在顾客的心智是一样的。要成功，你就必须把你的品牌植入人们的心智中。

经理人经常忘记的是，人们的心智总是把传统或通用的名称看做是一类事物的名称，而不是某个特定的品牌名。

没有一个汽车经销商会把自己叫做"汽车"，为什么不呢？想象一下以下的对话：

"你从哪里买的新车？"

"在'汽车'。"

"哈，你说什么？我问你，你是从哪个经销商那里买的新车？"

成千上万的网站用这样字面上的通用名称，你应该能想象此类的对话会不断发生。

"你在网上用哪个经纪人？"

"'我的经纪人'。"

"我知道，但是他叫什么名字？"

"'我的经纪人'。"

"我问的就是这个。"

这可不是笑话，它表明了心智的思维模式。词会被归类，通用名称和独特名称不是同一类。

阿博特（Abbott）和科斯特洛（Costello）的喜剧团有一个经典剧目讲的就是在棒球比赛中，用一类词代替另一类词而产生了混淆。

"看看谁在垒上。""'谁'在第一垒，'什么'在第二垒，'我不知道'在第三垒。"

"这正是我想知道的，谁在第一垒？"

"是的。"

"我的意思是，那个家伙的名字？"

"'谁'。"

"第一个棒球手？"

"'谁'。"

"第一个上场的家伙？"

"'谁'是第一个。"

"我在问你，谁是第一个？"

"那就是那人的名字。"

"那是谁的名字？"

"是的。"

在 20 世纪，许多公司都想方设法用通用名称作为它们的品牌名，查一查商标登记就知道了。有大量试图使用通常发音的名字来抢占某一种类的品牌名称，下面是一些例子：

- Toast'em 烘焙甜点；

- Soft & Dri 除臭剂；

- Soft'N Gentle 卫生纸；

- Soft Shave 剃须刀；

- Nice'N Soft 面巾纸；

- NA 无酒精啤酒；

- Baby's Choice 纸尿裤；

- Kid Care 胶布绷带。

说实话，这些通用名称给你留下印象了吗？大概不会。要记住一个通用名称不容易。

莱特（Lite）就是一个无法用通用名称建立品牌的最好例子。它是第一个淡啤酒品牌。当美乐（Miller）酿酒公司推出莱特啤酒时，罐子没有"美乐"字样，也没有竞争者会用莱特作为啤酒品牌，因为美乐拥有商标权。

美乐为莱特做了大量的广告并且取得了效果，但正如你所能想象的那样，许多竞争者也带着它们自己的通用名称来了。舒立滋淡啤（Schlitz Light）、库尔斯淡啤（Coors Light）和百威淡啤（Bud Light）。

即使美乐是第一个推出莱特啤酒的，即使莱特拥有大量广告和宣传的优势，美乐还是被迫重新将产品命名为美乐莱特。

你能发现问题所在。喝啤酒的人走进酒吧说："给我莱特啤酒。"侍者说："好的。你要哪一种淡啤酒呢？"⊖

当然，也有一些品类中充斥着通用名称，有趣的是在这些品类中，通常没有一个品牌可以占主导地位。谷类早餐是个好例子。有玉米片（Corn Flakes）、麸片（Bran Flakes）、甜麸片（Frosted Flakes）和全麦卷（100% Granola）等品牌。

以麦片（bran）品类为例。有12个麦片品牌想要主导这个品类。举几个例子：

■ 家乐氏全麦片（KBllogg's All-Bran）；

⊖ 莱特（Lite）的发音与淡啤酒 [light] 的发音相同。——译者注

- 家乐氏麦夫片（KBllogg's Bran Flakes）；

- 家乐氏 40+ 麦夫片（KBllogg's 40+ Bran Flakes）；

- 家乐氏葡萄干麦片（Kellogg's Raisin Bran）；

- 纳贝斯克全麦片（Nabisco 100% Bran）；

- 波斯特麦夫片（Post Bran Flakes）；

- 波斯特葡萄干麦片（Post Raisin Bran）；

- 托特尔葡萄干麦片（Total Raisin Bran）。

出于对通用名称的过于依赖，谷类从未有明确的领先品牌，销量最大的谷类品牌占市场份额的 6%（Cheerios 是少有的没有使用通用名称的谷类品牌）。

既然通用名称在网络以外的世界都不奏效，它们又怎会在互联网上成功呢？道理是一样的。要怎样才能使品牌名被记住并使之与某些特色联系在一起呢？

如果用通用名称作为品牌名称，你就没什么机会能做到以上这一点了。首先，潜在顾客无法区分你的网站名和品类名；其次，你无法将某种特质与这个名称联系在一起，因为这个名称代表整个品类，而不仅仅是你的网站。

一些网站试图通过把特质与通用名称结合在一起来解决问题。用 AllBooks4Less.com 取代了 books.com，或者可能是 Cheaptickets.com 或 Lowestfare.com。

具有讽刺意义的是，这样做在网络以外可能还有点用，但在互联网上则不行。如果你沿路开着车，看到一个牌子写着"All Books 4 Less"（低价售书），你知道那店里卖什么，为什么你可能会想要去那里买。（名字叫"All Books 4 Less"的连锁店还是不会比巴诺书店、沃尔顿书店或者鲍德斯书店卖得好。）

在互联网上，你不用沿途开车，你也不会看到写着"All Books 4 Less"的牌子。你必须要记住名字，这并不容易。

你可以问问自己，"谁在网上低价售书？"答案就来了——"亚马逊"。

虽然短期内很多人用搜索引擎查找他们感兴趣的网址，一个像 AllBookds4Less.com 这样的名称一定能吸引大量的点击。但是，那仅仅是短期的。

总的来说，无论是在互联网上还是在网络以外，建立品牌的关键就是使品牌名植于潜在顾客的心智当中。当你成功做到了这一点，潜在顾客就无需再使用搜索引擎来查找你的网址了。因此，从长远的角度来说，网络品牌名必须代表自己，通用名称是站不住脚的。

"汽车"（Cars）对一个汽车经销商来说不是一个好名称；Cars.com 对一个网站来说，也不是一个好名称；My-discountbroker.com 也不是一个好的网上经纪人名称。

你觉得 Internet.com 怎样？这是一个可以吸引所有人来做任何事的通用网站名。（也许你会听到走廊里传来兴奋的叫声："哈，我们登记了网上最好的名称。"别太确定了。）

你自己的名字是什么？布朗、琼斯，还是史密斯？你曾想过改成一个通用的名字吗？如果你这样做了，就会这样打电话了：

"你好，我是某人。"

"我知道，但是你叫什么名字呢？"

尽管我们这样论证，每个组织内部还是会存在不断采用通用名称的事情，这是旅鼠效应。⊖一旦人们都朝一个方向，随后的每个人就自然地加入人潮并跟着朝这个方向走。随大流使人们得到心理上的满足感，无论是在艺术上、音乐上、服装上，还是在使用互联网名称上都如此。

"在传统上的失败比非传统上的成功更能让你获得名声。"约翰·梅纳德·凯恩斯（John Maynard Keynes）曾经这样说。

千万别说我们没警告过你。

⊖　指在团体中盲目跟随的行为。——译者注

IMMUTABLE
LAWS OF
INTERNET
BRANDING

定律 4

独特名称定律
The Law of the Proper Name

你的名称在互联网上独立存在，因此你最好取个好名字。

　　大量的通用网站名称给后来者带来了希望。如果你有个好想法并且取了个好的品牌名称，你就占了优势地位。你可以等到那些通用名称在视野中消失的时候再跳出来赢个大的。

　　千万不可马虎。你的名称独立存在于互联网上，是目前为止你最有价值的资产。这正是互联网与现实世界的主要不同之处。

　　在现实世界里，要知道一个公司是做什么的，可以从很多方面看出来，地理位置、橱窗展示，甚至建筑物的大小和设计。酒店看起来要像酒店，银行看起来也要像银行，饭店一看就是饭店。

　　即使是在工业领域，你也极少只知公司的名称，宣传手册或邮寄海报总会展示公司建立的产品线或服务。

　　然而在网络上，却只有名称。除非你进入网站，否则你找不到任何线索，无从得知它到底是做什么的。

　　在现实世界里，一个平凡的名称有时同样有用，那是因为其他实际的线索可以帮助建立公司的形象。钟表店看起来就是个钟表店。

　　例如，有时零售店铺的位置和外观可能非常独特以至于顾客经常忘了店名。"就是那家在 87 街和约克大道交叉口的修理店。"

　　在零售业，甚至一个好笑的名称也能奏效。"床垫"公司（The Mattress Firm）是一个床上用品的商店名称；家庭信贷公司的名称为"钱庄"（The Money Store）；营养品商店的名称为"大众营养中心"（General Nutrition Centers），这样的名称并不仅仅是名称，它们总是承载着由许多来传达真正的目的的线索。

网络世界里没有线索。没有陈列橱窗告诉你亚马逊是个书店，没有旅游手册告诉你价格热线卖机票，没有贺卡告诉你蓝山网站是做什么的。

正是这些将网络公司走入了迷途，落入了通用性的陷阱。

通用名称的诱惑力非常大，一些公司不惜为此花重金收购，但从长期来看终究是毫无用处的。一家洛杉矶的公司花 750 万美元买下了 Business.com（企业网）。（给读者的话：假如你花了 21 美元买下本书，那么就是为你自己节约了 7 499 979 美元。）最近的一些收购如下：

- Wine.com（酒网）被以 300 万美元收购；

- Telephone.com（电话网）被以 175 万美元收购；

- Bingo.com（赌博游戏网）被以 300 万美元收购；

- Wallstreet.com（华尔街网）被以 300 万美元收购；

- Drugs.com（药品网）被以 300 万美元收购；

- University.com（大学网）被以 300 万美元收购。

这比荷兰的疯牛病和法国的地下霉菌还糟。当时贷款网（Loans.com）的收购费用高达 300 万美元。（如果你有个通用的网名，我们的建议是在狂热退去之前把它卖了吧。）

独特的名称在互联网伊始就已经证明了比通用的名称有效。几个早期的大赢家（美国在线、亚马逊、价格热线和雅虎）用的都是独特的名称而不是通用的名称。

这中间常会有些混淆。人们看到一个像"价格热线"的名称，以为是通用的名称，实际上不是。⊖品类通用名称是"票"或"你想要的机票"。tickets.com（机票网）是一个网络通用名称，我们认为它不会有什么发展。

每一个通用的名称如果被用以定义某个人、地方或事物时，也可以是独特的名称。鸟（bird）是一个通用名称，但在 Larry Bird（拉里·伯德，NBA 明星）或 Tweety Bird（翠笛鸟）的名字中，它就是个独特的名称。

当你要为你的网站取个名称时，第一件事你要问自己，这个品类的通用名称是什么？那就是你不该为网站取的名字。

毫无疑问，独特的名称比通用的名称更好。

举个例子，作为一个针对女性的网站，iVillage.com 比 women.com 好。（是的，有一个叫 women.com 的网站，它预计为这个名称投入的广告费用是 10 万美元。）

作为一个销售奢侈品的网站名，Ashton.com 比 Cyberluxury. com、Eluxury.com 和 First-jewelry.com 好。

同样的，打造品牌原则也适用于现实世界，独特的名称总比普通或通用的名称好。

⊖ "价格"和"热线"是通用词，但它们被脱离原意使用，组合起来成为一个独特的名称"价格热线"，这就变成了一个有效的互联网品牌名。

■ 麦当劳比汉堡王好。

■ 赫兹（Hertz）比全国汽车租赁（National Car Rental）好（在飞行航线目的地看到的所有汽车租赁公司的名字都是全国汽车租赁公司，但赫兹只有一个）。

■《时代周刊》（*Time*）比《新闻周刊》（Newsweek）或《美国新闻和世界报道》（*U.S. News & World Report*）好。

■ 卡夫（Kraft）比通用食品（General Foods）好。所以当卡夫与通用食品合并后决定简化它们的名字，把公司叫做"卡夫"，而不是"通用食品"。

当然，通用性的程度也不同。汉堡王（Burger King）不完全是一个通用的名称，但是 Hamberger Place 听起来就是那些主要以出售各类汉堡为特色的快餐公司的通用名称。

独特也有不同程度。麦当劳、赫兹比《时代周刊》更独特。"时代周刊"是一个脱离了原意而建立起独特性的通用名词。

同样的，亚马逊和雅虎比价格热线和 eBay 更独特，后者使用的是脱离原意的通用名词 [当然，一切独特性都是相对的，亚马逊和雅虎也一样。Yahoo（雅虎）这个词有"粗野之人"的意思，而 amazon（亚马逊）可以形容高大、精力充沛和意志坚强的女性。]

那么，你的网名应该"独特"到什么程度呢？

视情况而定。首先和最重要的是，你的网站名要被认知为是独特的。然后，希望你的网站名比竞争对手的名字更"独特"。但是，你也要考虑其他因素。

除了选择一个独特的名称外，你的网站命名策略如果能依照以下 8 条指导，一定会更有效。

1. 名称应简短

总的来说，名称越短越好。简短，作为一个品牌名特性，相比于网络以外的品牌，它对于互联网品牌来说更为重要。

你要把网站名输入你的电脑，因此它应该简短且易拼写。

许多网站名都有两个缺陷，既普通又冗长，很难被记住，也很难拼写。下面是几个例子：

- Artsourceonline.com；

- Dotcomdirectory.com；

- EBusinessisbusiness.com；

- Expressautoparts.com；

- Interactivebrokers.com；

- GiftCertificates.com；

- OnlineOfficesupplies.com；

- Treasurechestonline.com。

从品类的通用名称开始，然后再将其浓缩，这是一箭双雕的好办法，你就有了一个既简短又易拼写的名称。比如 CNET.com，它是从通用性词组"computer network"浓缩来的，这样的名称短而有特色，也容易拼写。

山德士（Sandoz，非专利药公司）需要为其治疗流感的药品取个名称，公司把词序颠倒并浓缩成 TheraFlu，该产品一直在同类药品中保持领先地位。

纳贝斯克（Nabisco，世界著名的饼干和休闲食品品牌）要为它的香草煎饼（vanilla wafers）找个品牌名，最后定为 Nilla。而知名的杰利奥（Jell-O）就是一种甜果冻的缩写版。

纳贝斯克本身也是它以前通用名称的缩写，它曾叫全国饼干公司（National Biscuit Company）。（全美国有很多饼干公司，但只有一个纳贝斯克。）

Barnesandnoble.com 最终丢弃了这个又长又难拼写的名称，缩写成 bn.com。

摩根士丹利（Morgan Stanley Dean Witter）是一家非常成功的金融公司，但他们不想把 Morganstanleydeanwitter.com 登在网上，而是缩写 msdw.com。

（但 bn.com 和 msdw.com 这样的名称也不好，这一点我们在"定律 9"中再讨论。）

著名的咨询公司博思艾伦 & 汉密尔顿顾问公司（Booz Allen & Hamilton）显然不能用它冗长且复杂的名称作为网站名，于是把它改为 Bah.com（并不是个悦耳的选择）。那么像 Deloitte &

Touche、PricewaterhouseCoopers 这样的名称怎么样呢？

互联网迫使许多公司不得不重新考虑它们的名称，即使这些公司是非商业性质的媒体。博思艾伦＆汉密尔顿顾问公司可能应该更名为博思艾伦（Booz Allen），然后以 BoozAllen.com 作网站名，而不是启用 Bah.com。

那么以下这些名称又如何呢：Alleghany、Allegheny Telegyne、Allegiance、Anheuser-Busch、Bausch & Lomb、Canandaigua Brands、Di Giorgio、Harnischfeger、Hayes Lemmerz、Heilig-Meyers、Leucadia National、Marsh & McClennan、Phillips-Van Heusen、Rohm& Haas、ScheringPlough、Smurfit-Stone、Sodexho Marriott Serbices、Synovus Financial、Tecumseh Products、TIAA-CREF、Transmontaigne、Wachovia、Wackenhut、Weyerhauser。

所有这些公司都很难把名称转换成网站名，而且它们都不是小公司，都是在《财富》杂志上排名美国前 1 000 位的大公司。

由于互联网，许多公司不得不简化它们的名称，否则你就很可能拼错网站名或地址，导致邮件服务系统无法发送你的邮件。因为要进入一个页面，你必须拼写准确，不能丢掉一个点或连接符。

鱼和熊掌兼得的方法是，既保留原有名称又使用一个网络上的昵称。嘉信理财（Charles Schwab）是领先的折扣经纪公司，但在网络上，公司有 CharlesSchwab.com 和 Schwab.com 两个名称，尽管它只宣传推广 Schwab.com 这个名称。

Ask Jeeves 是一家领先的搜索引擎网站，它英明地用两个网名运作：AskJeenes.com 和 Ask.com。

当你不得不从几个似乎同样好的名称中挑选一个时，明智的选择是那个配有好的昵称的名称。当人们能用品牌名称的昵称而不是它的全称时，他们会感到很亲切。

- Beemer，而不是 BMW（宝马）。

- Chevy，而不是 Chevrolet（雪佛兰）。

- Coke，而不是 Coca-Cola（可口可乐）。

- Bud，而不是 Budweiser（百威）。

- FedEx，而不是 Federal Express（联邦快递）。

- Mac，而不是 Macintosh（麦金塔）。

2. 名称要简洁

简洁和简短不同。简洁和品牌名称的字母组合有关，简洁的词只重复使用字母表中的几个字母组合成词。

Schwab 是一个简短的名称，但不简洁，因为它用了 6 个字母，这也是 Schwab 不容易拼写的原因。

Mississippi 虽是一个很长的名称（11 个字母），但它却很简洁，因为它只用了 4 个字母，因而大多数人都能拼出 Mississippi 这个词。

可口可乐（Coca-Cola）是简短而简洁的名称，虽然有 8 个字母，但只用了 4 字母，而且重复了 "co" 这个发音。

百事可乐（Pepsi-Cola）就比可口可乐复杂得多，百事可乐用了 8 个字母来组成一个 9 个字母的单词。

Autobytel.com 也有和 Pepsi-Cola 一样的问题，它由 8 个字母组成。而且，你如何理解这个名称呢？是 Auto by Tel 还是 Auto Bytel？ Bytel 是什么呢？

即使 Autobytel 网站的名字很独特，早期在汽车品类中也处于领先地位，但我们并不认为它能成为汽车领域中的重量级网站。

一些人已经批评日产（Nissan）将其美国品牌达特桑（Datsun）改成日产（Nissan）的决定。但是从一个品牌名的角度来说，Nissan 是个好名称。这两个名字都是由 6 个字母组成，但 Datsun 需要 6 个不同的字母，而 Nissan 只要 4 个字母（现在你已很少听到有人用 Datsun 这个名称了。）

3. 名称应该能影射其所属品类

这里有个悖论。一方面，要成为互联网大品牌，你需要独特的名称；另一方面，名称还应该绕开通用名的陷阱并能影射所属的品类。

这很难办到。简化通用名称是一个办法（如 CNET、Nilla 和杰利奥等）。

另一个方法是在品类名称上加其他的词，如 PlanetRx（我们想要一个不同于 planet 的词，除了现在已经有的、大把的、与

planet 有关的品牌之外，网上还有两个即将出现的品牌名称——
Pet Planet 和 Planet Outdoors）。

对于一家网上药店来说，DrugDepot.com 也许会是一个比
Drugs.com 或 Drugstore.com 更好的名称，它可以在认知上关联到
家得宝（Home Depot）和欧迪办公（Office Depot）两个品牌。

我们为一家提供广告包装服务的互联网公司取名为"品牌建立
者网站"（BrandBuilders.com，公司销售帽子、T 恤、钢笔、活页
纸和其他用于公司形象建立的材料）。后来我们采纳了客户的意见，
将其改成"品牌者网站"（Branders.com），这样输入起来更方便。

4. 名称应该独特

独特是一个名称能否被记住的关键，对所有的品牌名称都一
样，尤其是互联网品牌。AskJeeves.com 和 JRKoop.com 是既独特
又易记的名称。

当然，没有什么名称是完全独特的，除非随机取得，像讴歌
（Acura）、雷克萨斯（Lexus）、柯达（Kodak）或施乐（Xerox）。

AskJeeves.com 是和男管家联系起来的，JRKoop.com 是和以
前的美国军医联系起来的，但这些都是单个的人，不会被和包含
他们名称的网址相混淆。

事实上，它们都暗示了网站的功能——Ask Jeeves 用于找信
息，JR Koop 用于医疗信息。

但是 More.com 独特吗？虽然它花了 2 000 万美元告诉你它卖

保健品和美容品等商品；或者诸如 Myway.com、Checkout.com、Individual.com、Owners.com、Youdecide.com、Indulge.com、This.com、Respond.com，它们是有着上百万美元的风险投资，花费上百万美元做广告的网站。

一家马萨诸塞州的公司正在电视和广播上花 2 000 万美元来启动一个礼品服务网站——发送网（Send.com）。人们怎么能记住它的名称呢？

你要为朋友查理买圣诞礼物，你会访问购买网（Buy.com）、礼物网（Present.com）、礼品网（Gift.com）或其他此类网站吗？

一个普通或通用性的名称并不独特，它不指特定的人或物。因此，把它用作网名容易被忘记。

5. 名称应该押头韵

为什么你会认为孩子们在朗读时动嘴？他们把由词代表的感官形象转换成能被大脑处理的声音。思维是跟着声音工作的，而不是外形。

如果想要人们记住什么，就让它们押韵。"如果靴子不合适，必须脱掉它。"

Frogdog.com 最初的品牌名是 Sportsite.com，前者是在后者基础上改进而来的。

押头韵是另一个一定能使你的品牌名难忘的办法。实际生活中的许多牌子也都是押头韵的。例如：

■ Bed Bath & Beyond；

■ Blockbuster；

■ Big Bertha；

■ Coca-Cola；

■ Dunkin'Donuts；

■ Volvo；

■ Weight Watchers。

我们搜索了一些活跃的、大力推广的网络品牌名称，没有一个
是押头韵的（我们喜欢 Brand-Builders 的一个原因就是它押头韵）。

对于新生儿也是同样的道理。给你的新生儿取个好名字，让
名和姓押韵。事实上，许多名人的名字都是押头韵的：艾伦·艾
尔达（Alan Alda）、罗纳德·里根（Ronald Reagan）、罗伯特·雷
德福（Robert Redford）、蒂娜·特纳（Tine Turner）、玛丽莲·梦
露（Marilyn Monroe）。比尔·布拉特里（Bill Bradley）能在他的
政治生涯中如此出色的一个原因就是他的名字，他有所有总统竞
选者中最好的名字，它是押双韵的。

6. 名称应该易读

你上一次因为看了广告或新闻而去买东西是什么时候？许多
人很难记起因为广告而去买的东西。

这是否意味着广告没用呢？不一定。大多数的人是从朋友、

邻居、亲戚那儿听说后才去买某样东西的。

嘴里说出来的词是所有媒介中最有效的。那么怎样用嘴说出来并传下去呢？当然是从公关或广告而来。

口碑宣传和广告宣传的效率比是 10 : 1，对许多不同产品和品类都如此。

口碑宣传再有效，也不可能仅仅依赖于此建立品牌。你要给"嘴巴"一些可以说的内容。不幸的是，太多的公司都采用了无法用语言交流的网络名称。许多虽然是通用的名称，但却不上口。

"你在哪里买的新电脑？"

"在'大减价'（Onsale）上。"⊖

"我知道你买得很划算，在哪里呢？"

"大减价。"

Onsale.com 就是个在普通对话中很难说的名称，而许多其他的名称则更糟，它们甚至很难发音和拼写，如 Entrepreneur.com、Concierge.com、Cyberluxury.com、Onvia.com、imandi.com、Brodia.com、iWon.com、iOwn.com、Richoshet.com、zUniversity.com、Shabang.com、uBid.com、Cozone.com、GiftEmporia.com、iParty.com、eHow.com、Travelocity.com、

⊖ on sale 有促销的意思。——译者注

Adornis.com、2Key.com。

当人们介绍一个实际零售店的名称时，你无需记住怎么拼写。是 Abercrombie & Fitch 还是 Abacromby & Fitch？在超市里这没什么分别，在网络上却有区别。

这就是为什么网络名称总是应该考虑所有不同的拼法，就像 2Key 和 TwoKey。（大约 10% 的公众有阅读障碍的困扰。）

另一个问题是字母和数字的混合，极少有实际的品牌名称两种都用（我们只想起了 3M、3Com 和 1-800-FLOWERS）。

相当多的互联网品牌犯这种错误：1stBuy.com、123greetings.com、123tel.com、How2.com、Net2phonedirect.com、Pop2it.com、Click2Asia.com、Shop2gibe.com、MP3.com、4anything.com、4charity.com、Fax4Free.com、Opus360.com、800.com、91gifts.com。

为什么大多数人发现，记住电话号码比记住执照号码容易，即使这两个号码一样长？因为执照号码通常是把数字和字母组合在一起，这使得记忆起来很难。这种组合有时可以组成漂亮的号码（321GO），但却会变成糟糕的网名。

你曾试着记住加拿大的邮政编码 H3B2Y7 吗？这样的组合是很难让人回忆起来的。

公司选择难读的品牌名的一个原因是与选择过程有关的。

多数名称是从印刷的长名单上依据视觉选择的，但这并非用户对待品牌名的方法。他们从朋友、邻居、亲戚和同事那儿听说品牌名。即便是媒体对品牌名的曝光也主要来自听觉而非视觉。人们通常把 90% 的媒体时间花在听广播或看电视上，不足 10% 的时间用在读报纸和杂志上。

如果你怀疑，想想你在电视广告上听到的比你在屏幕上看到的更会给你留下深刻印象就明白。（说出来的词传达感情和意义，而纸张上印着的和电视上显示的词是没有感情的。）

7. 名称应该有震撼力

想要人们记住你的网名，它必须有震撼力。

最好的品牌名总能给人以冲击或惊奇的感觉。DieHard，最大的汽车电池销售公司；哈根达斯（Häagen-Dazs），一家优质冰激凌企业；EatZi's，第一家外卖美食连锁；迪赛（Diesel），时尚牛仔品牌。

有时也容易因为过分的震撼力而冒犯了人们。FUBU 就是一个例子，年轻人对这样近乎极端的名称相对有忍受力。

人们有时候问我们，为什么把我们的定律叫做"永恒的定律"，就没有可变的吗？这是一个有道理的问题。我们回答：可能有，但是书籍需要一个有震撼力的书名。"11 条通常可接受的定律"恐怕在巴诺、鲍德斯或亚马逊都不会有吸引力。

在公共关系中，一件最困难的事是让媒体为商业书籍发表评论。我们尽可能地努力，但奇怪的是，这本书大概是我们写的第八本《华尔街日报》不会发表评论的书。

但是，它却评论了一本叫《匈奴王阿提拉的领导奥秘》（*Leadership Secrets of Attila the Hun*）的书。若是 400 年后，25 世纪的《华尔街日报》是否也会评论一本叫《阿道夫·希特勒的领导奥秘》（*Leadership Secret of Adolf Hittler*）的书呢？应该会的。

有震撼力的名称更易记，因为它融入了情感的力量。一定程度上，你是因为情感程度的不同而记得自己生活中的事件的。例如，毕业时、结婚时、约翰·肯尼迪被刺时。

你的生活中会有很多次度假，大多数是存在记忆中的模糊印象。但你永远不会忘记的时刻一定是那些包含强烈感情色彩的：一次车祸、一次翻船、你踩到马蜂窝的那天。

在网络上也一样。像烹调网（Cooking.com）、家居网（Furniture.com）这样的通用名称，没有感情色彩，很难被记住。

有点刺激性的名称会成为网上的好名称。像雅虎（Yahoo！）、亚马逊（Amazon.com）这些名称能引起情感的回应。

一个好的网络品牌策略是把具有震撼力的名称同时锁定品类和其优势。亚马逊自称"全球最大的书店"，这一策略就可以在几个层面上发挥作用。亚马逊河（Amazon）是全球最大的河流，而"biggest bookstore"这种押头韵的标语又使它更容易被记住。

如果你不把有震撼力的名称与某一品类或优势联系起来，那恐怕就是在浪费这个名称的力量。我们认为"奇迹"（Prodigy）是一个不错的网络服务商名称，但在普通场合并非是一个好名称。

从我们的观点看，"奇迹"应该对准孩子们。

其他易记的网名有：MotleyFool、Earthlink、MindSpring。Hotmail，最受欢迎的免费电子邮件服务商；Monster.com，领先的招聘网站。此外还有 Bank One 新启动的网上银行 WingspanBank.com。

8. 名称应该人格化

显然，每个网络品牌不可能都囊括这所有 8 条策略，包括人格化。但是如果情况许可，你应该考虑以人名来命名网站名。

这一策略有很多优势。首先，它保证你的网名独特而非通用；其次，它可以提升网站的潜在知名度。

现实世界中的许多品牌都是以人名命名的，如：福特（Ford）、克莱斯勒（Chrysler）、雪佛兰（Chevrolet）、庞蒂亚克（Pontiac）、卡尔文·克莱因（Calvin Klein）、拉尔夫·劳伦（Ralph Lauren）、汤米·希尔费格（Tommy Hilfiger）、唐纳·卡兰（Donna Karan）、利兹·克莱本（Liz Claiborne）、里昂·比恩（L.L.Bean）、波音（Boeing）、福布斯（Forbes）、固特异（Goodyear）、吉列（Gillette）、亨氏（Heinz）、赫兹（Hertz）、奥维尔·雷登巴赫尔（Orville Redenbacher）等。

最初，戴尔电脑公司（Dell Computer）以 PC Limited（个人电脑有限公司）作为品牌名销售产品。但是，公司最终认识到这个特定的名称——戴尔（Dell），比通用的名称——个人电脑有限公司（PC Limited）更有力，于是改叫"戴尔"。

用创建者的名字作品牌名称能提升品牌的公众性潜力。看看迈克尔·戴尔（Michael Dell）获得的广泛关注度，它直接使品牌受益。他的竞争者康柏先生则很少被提及。

那么没有唐纳德（Donald），特朗普（Trump）品牌又会怎么样呢？肯定会一败涂地，因为唐纳德能免费得到东西的时候，他是不喜欢花钱的。不要低估了公关，正是唐纳德·特朗普为了他的品牌而发起的一系列活动才使这些品牌获得了成功。

品牌是冰冷的、无声的、没有生命的，只有人才能将品牌的战略、定位和目标勾勒出来。媒体想要采访的是人，不是品牌，并且只要可能，他们采访的一定是首席执行官，而不是品牌经理。

这些是你无法阻止的，如果你是首席执行官并且想要让你的品牌出名的话，你必须也是名声在外的。最著名的品牌总是伴有著名的首席执行官。微软和比尔·盖茨，太阳微系统（Sun Microsystems）和斯科特·麦克尼里（Scott McNealey），甲骨文（Oracle）和拉里·埃里森（Larry Ellison），苹果和史蒂夫·乔布斯。

在网络上也是一样的。美国在线和史蒂夫·凯斯（Steve Case），亚马逊和杰夫·贝佐斯（Jeff Bezos），雅虎和杨志远及大卫·费罗（David Filo）。

使事情简单化，让你的潜在顾客和媒体都很容易地把首席执行官和网站联系起来，那就用相同的名称吧。

- J.R.Koop（库普）和 JR Koop.com

- Michael Dell（迈克尔·戴尔）和 Dell.com

- Charles Schwab（查尔斯·施瓦布）和 Schwab.com

一切都从名称开始。如果你按照这 8 条命名策略为你的网站命名，那么你将走上建立一个成功的互联网品牌的道路。

IMMUTABLE LAWS OF INTERNET BRANDING

定律 5

唯 一 定 律
The Law of Singularity

你要不惜代价设法避免成为品类中的第二位。

在互联网上打造品牌与在现实世界中有一个很大的不同之处。在现实世界中，品类中的第二个品牌总有它的生存空间。

- 金霸王电池和劲量电池；
- 柯达和富士；
- 赫兹和安飞士；
- 耐克和锐步；
- 埃克森和壳牌。

在互联网之外，位居第二的品牌可以生存下来是有原因的。它们不仅能满足消费者的需求，同时也服务于贸易本身。

一个大型超市会只卖可口可乐一个牌子而不进其他品牌的产品吗？当然不会。第二品牌可以针对领先者发挥杠杆作用，"如果可口可乐不准备参与我们本周的促销活动，我们就用百事可乐吧"。

贸易商所提出的每一个要求的隐含意义就是，如果你拒绝，我们就把机会让给你的竞争对手。第二品牌能填补贸易中的实际需求。

航空管理公司会和赫兹——这家全球最大的汽车出租公司签订一份独家协议吗？如果它们还想在可供出租的汽车数量上、服务时间上以及价格等方面找到平衡办法的话，它们决不会那样做。

如果在一个快餐需求很高的街角有一家麦当劳，房地产发展商就不能把街角对面的地方再卖给麦当劳大叔，于是他就会转向汉堡王。

航空管理公司、超市、药店、大楼出租者甚至房地产商——它们都位于顾客和品牌之间，这些中间人或者贸易商对第二品牌都有强烈需要，即使这个第二品牌所提供的内容与第一品牌是完全相同的。这不是对产品的需要，而是平衡的需要。

在工业领域你也会发现类似的需要，大多数公司都坚持"第二供货渠道"。若它们的主要供应商因罢工而停产怎么办？如果一个公司没有该部分需求的第二个供货来源，它就不得不停止它的生产线。

"在我和卡尔文·克莱因之间什么也没有"，波姬·小丝（Brooke Shields）曾经这样说过。在互联网上，顾客和品牌之间什么也没有，没有中间人，没有贸易商，没有房地产商，这里没有平衡的需要，它就是比尔·盖茨所谓的"无摩擦的资本主义"。

结果是，互联网更像是一场足球比赛或者是一场政治角逐。这就是唯一定律：第二是没有位置的。

或者就像耐克一则电视广告里曾经说的那样，在奥运会上，你不是"赢得了银牌"，而是"丢掉了金牌"。在互联网上，既没有银牌，也没有铜牌。

在互联网上，垄断就是规则。网上没有第二品牌生存的空间。互联网运作更像是电脑软件行业那样，每一类业务都几乎由某一特定品牌主导。

- Windows 主导个人电脑操作系统；

- Word 主导个人电脑文字处理软件；

- Excel 主导个人电脑表格软件；

- Power Point 主导个人电脑演讲展示软件；

- Quicken 主导个人电脑会计软件。

瑞士信贷波士顿第一银行（Credit Suisse First Boston）首席投资战略官迈克尔·莫布森（Michael Mauboussin）发现，互联网股票非常精确地遵循某种特定的数字股价系统，它像是某种自然属性的模式。这个模式表明，将会出现的最终赢家比投资者所期望的数量更少。

随着一些网站的发展壮大，莫布森先生说，它们会吸引更多的用户，随着吸引用户的增多，它们就变得越来越有钱和有用，进而吸引更多的用户，这就能产生"赢者通气"的状况。少量几个网站覆盖了所有的商务内容，剩下的网站就什么都没有了，这就是唯一定律。

无摩擦零售的众多优点之一，就是在顾客和生产商之间没有人从交易中谋利。在这种情况下，你所支付的价格不会给第二个品牌。

对于许多产品而言，正是零售商使得第二品牌得以壮大起来。没有一个零售商会完全依赖于某一个特定品牌，因为那样做只会把自己推入向生产商乞怜的境地。第二品牌敦促第一品牌变得诚实可靠。

大多数情况下，生产商和零售商之间是一种友善的关系，但是除了这种表面的友好之外，总是有太多关于价格、支付条件、仓储费用、合作广告津贴和返货权等方面的深层分歧。在零售界，零售商不是用武器开火，而是利用第二品牌开火。

互联网上的情况则不同，现实世界就是第二个品牌。当亚马逊提供 50% 的折扣价，消费者心理上就会把它和实体书店所提供的 30% 折扣价相比较。

这时如果巴诺说"我也可以提供相同的条件"，顾客只会打哈欠。这是不会构成任何转换的理由，除非亚马逊在服务上或价格上出现大的问题。

关于互联网为何使第二品牌压力很大，还有另一个原因。在现实世界中，一个品牌的成功会创造其反面的趋势，这尤其表现在那些时尚导向的品牌。

约吉·贝拉（Yogi Berra）说："没有人再去那里了，因为它现在太流行了。"也不再有以前那么多人穿拉尔夫·劳伦了，它现在越来越流行了，随处可见。现在每个人都青睐汤米·希尔费格品牌了。

如果今天是汤米，那么你可以肯定的是明天还会有别的品牌。那就是第二品牌方法的力量。

但是在网站上缺少现实世界的可视性。如果书是从亚马逊买来的，你怎么才能知道呢？正是这种可见性的缺乏减弱了对品牌领先者的威胁。

当然，实际上在互联网上也有许多第二品牌。不仅有第二，还有第三、第四、第五甚至第六品牌。比如在家具业，有Behome.com、Fuid.com、Fumitwreonlire.com、HomeDecorators.com、Home Portfoio.com、Houseret.com、Livuing.com和许多不知名的网站。

这能意味着家具品类的情况与书籍不同吗？家具品类中网站可以有许多，而书籍品类就只能被一个品牌（亚马逊）独占？

根本不是这样，这仅仅意味着在家具业目前还没有明确的领先者网站。但是明天情况就不同了。某个家具品牌最终一定会突出重围而主导这个品类，在图书品类中发生的一切也会在家具品类发生。

历史曾验证过这一过程。1910年，美国有508家汽车公司，今天只有两家（通用和福特）。

1985年，几乎有100家公司做磁盘驱动器，今天只有两家公司[昆腾（Quantum）和希捷（Seagte）]在全球范围内主导着磁盘驱动器市场。

1990年，几乎有200家公司做个人电脑，今天只有两家品牌（康柏和戴尔）在世界范围内主导着这个市场。

在现实世界中，我们把这一过程叫做"二元定律"。从长远角度来看，两个品牌会统治一类市场，令第三品牌处于巨大压力之下。

- 康柏和戴尔主导着个人电脑市场, 令 IBM 压力重重, IBM 1999 年在个人电脑市场损失 10 亿美元, 后它宣布退出零售市场。

- 可口可乐和百事可乐主导着可乐市场, 使皇家王冠可乐几乎无法运转, 皇家王冠可乐正在逐步丢失全部的市场份额。

- 柯达和富士主导胶卷市场, 实际上已经把爱克发（Agfa）逼到了绝境, 它将被淘汰出局。

对于一个被淹没在一大堆品牌中的品牌而言, 是没有任何好日子过的。随着时间的流逝, 机会就会消失, 领先品牌在其位置上越来越稳固, 一个品牌维持其主导地位越久, 其他品牌赶上它的可能性就越小。

从长远的观点分析, 在互联网上"二元定律"将被"唯一定律"所替代。无摩擦零售将会消除第二品牌的作用。

拿书举例说明。鲍德斯和巴诺能取代亚马逊吗? 不可能, 除非亚马逊自己犯了个大错误。

那么, 鲍德斯和巴诺能消除与亚马逊之间的差距吗? 也不可能。更可能的是, 亚马逊不断增加它在网上书店市场上的份额, 令鲍德斯或巴诺都处于重压之下。唯一定律奏效了。

然而, 亚马逊正在犯一个大错误, 这将会为它的竞争者打开大门（参看"定律9"）。

被忘却的第二品牌还有希望吗? 当然有。但是最好的战略思考方式是首先要冷静地观察一下你所处的境况。

不可能就是不可能。如果想要迎头赶上亚马逊是不可能的，那么，你就必须回头试试另外一种不同的途径。

那个途径是什么呢？如果打造品牌的定律是不变的（我们也是这么想的），那么你就必须做和亚马逊相同的事情，你必须率先进入一个新品类。

通过聚焦和吸引一个细分市场，你总有机会率先进入一个新品类。事情就是这么简单。

对于鲍德斯或巴诺来说，更好的策略并不是复制亚马逊，而是缩小目标，专营某种书籍，如商业书籍。

这又联系到了"二者其一"定律。如果互联网能够让鲍德斯或巴诺并存的话，那么它们就需要不同的网名。用相同的名称很难在互联网上建立起能与现实世界中相区隔的身份。

事实上，已经有许多互联网公司都在试图（如我们所建议的那样）与亚马逊竞争，它们在聚焦。

- 在二手书中有 Alibus.com。
- 在医药书中有 Medsite.com。
- 在教科书中有 Varisttybooks.com。

当然，在每个品类中，都有大量的其他的互联网品牌。那么，哪一个品牌会成为该品类中最后的赢家呢？它不一定是第一个出现在市场上的品牌, 也不一定是第一个盈利的品牌, 赢家将是第一个在客户心智中建立起支配地位的品牌。然后, 唯一定律发生效力, 使跟随者的市场份额受挫, 接下来的就是成功。

在建立一个互联网品牌的时候, 应该首先考虑品类, 然后再考虑品牌。顾客最初并不会对公司、品牌, 甚至是什么网址感兴趣。他们最感兴趣的是品类。例如, 他们最在意的并不是是否买沃尔沃, 他们之所以买沃尔沃是为了拥有一辆安全的汽车, 沃尔沃是人们心中"安全车"的典范。

雪佛兰是什么? 事实上, 雪佛兰的车有大有小, 有便宜的也有昂贵的, 有汽车也有卡车, 雪佛兰销售额的持续下滑是由于通用汽车公司忽略了要去界定雪佛兰在心智中被期望占据的品类。

你想要成为某个品类的领先者, 首先要让顾客知道它是哪个品类。《哈佛商业评论》出版的一则广告里, 共有 15 个字母, 以下就是这则广告:

互联网是一张空白画布。

你握着画笔。

Intendchange.com ("改变网站")

准备改变:

想象, 建设, 再创造。

"改变网站"的这则广告能让读者了解它属于哪一品类吗? 我

们表示怀疑。明确地告诉读者，你的品牌应被归为心智中的哪个品类，并不会给你带来任何不利。书籍类、拍卖类、旅游类、航空票务类、化妆品类、服饰类、搜索引擎类，无论什么都应该让读者知道。

"全球最大的书店"，这样的广告不仅明确了亚马逊所属的品类，而且表明了它在这个品类中的领导地位。"想象，建设，再创造"没有显示任何一点。

总之，如果你还不是所在品类中的主导品牌，也不要灰心，马上将你打造品牌所做的努力换一个方向，马上聚焦。

只要聚焦，你就有机会创造一个强大的品牌。互联网是一个巨大的载体，可供聚焦的机会也是众多的。

在现实世界中，许多品牌都是通过聚焦与市场领先者竞争并取得成功的。

回顾20世纪80年代，IBM是当时世界上最强大的公司，赚了很多钱也有极好的声誉，IBM也是第一家开发16比特办公室个人电脑的公司——IBM个人电脑。但是，今天IBM还是电脑市场的主要生产商吗？不是，现在是戴尔电脑公司。

不像IBM，戴尔只生产一种产品（个人电脑），只针对一个细分市场（企业领域），只通过一种分销渠道销售电脑（向客户直销）。今天戴尔的个人电脑销售额已超过IBM。少即是多。

戴尔在个人电脑领域所做的，太阳微系统公司在计算机工作站领域也尝试做了。太阳微系统公司通过聚焦于UNIX工作站而创立了强大的品牌，并成为一个极具盈利能力的公司。你并不需要全线产品来获得成功。

当然，当有一天网络成熟了，一定会有第二品牌发展的机遇。在那一天到来之前，你仍需要在你所属的品类中占据领先地位，或者缩小焦点寻找机会，创立一个你能占据领先地位的全新的网站品类。

IMMUTABLE LAWS OF INTERNET BRANDING

定律 6

广 告 定 律
The Law of Advertising

线下的广告将比线上的广告更多。

死亡和税收过去一直是生活中的必然，但今天你还能再增加一个：广告。

广告信息是无所不在的，无论你身处何处，都会发现广告信息。从电视到出租车，再到 T 恤衫；从广告牌到公共汽车，再到浴室（现在你甚至找不到一个没有广告去偷偷撒尿的地方）。在某些方面，电梯也被认为是下一个最有发展潜力的广告载体。

每一场主要的汽车比赛、高尔夫球比赛以及网球比赛，都有一个公司赞助。所有的橄榄球比赛也有赞助商，在夏威夷有猫头鹰餐厅（Hooters）赞助的橄榄球赛，在加利福尼亚有 AT&T 赞助的橄榄球赛，在新奥尔良有诺基亚赞助的橄榄球赛，一个都少不了。

全美国的运动场都正在快速地出售它们的冠名权，到处拉赞助。在旧金山，坎德科斯蒂克公园现在是 3Com 体育场，华盛顿的 RL 体育场现在是联邦快递竞技场。互联网公司也正卷入其中。巴尔的摩乌鸦队（Baltimore Ravens）将它们在全美足球联合会体育场的 20 年冠名权以 9 350 万美元卖给了 PSINet。

而所有冠名权交易的起源是在亚特兰大，该城市新的篮球和曲棍球体育场的冠名权被以总值估计为 2 亿美元的价格卖给飞利浦公司长达 20 年之久。（而这座竞技场的建设只需花费 1.4 亿美元。）

体育场冠名价值已经超过体育场本身就证明了我们正生活在一个广告的世界里。

当然，从我们有记忆开始，传统媒体就被广告渗透了。

杂志的 60% 是靠广告，报纸的 70% 是靠广告。但是，印刷媒体至少还部分地由订阅者支持，而广播和电视则几乎全部是由它们所产生的广告收入支持。

并且，它们也产生大量的收入。仅 1999 年，广告商在电视广告上就花费了 490 亿美元，在广播广告上花费了 170 亿美元。

有线电视曾一度标榜成为第一家无广告媒体，但是并没有持续多久。今天，有线电视已经几乎和普通电视一样被广告所渗透了。

随着成百上千亿的资金紧紧尾随着每一个可用的广告媒体，你能责备互联网也努力要涉足这个领域吗？互联网即将成为另一广告媒体，但它比电视更好、更大也更有回报。

至少，最初是广告支持了所有的商业网站。游戏很简单："我们将先提供内容提高访问量，然后我们就能以此来卖广告了"。这正是电视和广播通常所做的。

于是，我们就有了免费的浏览器、免费的搜索引擎、免费的电子邮件、免费的电子贺卡、免费的网络连接，甚至还有免费的电话和退税保证。

不用付给美国在线每月 21.95 美元，你现在只要在 Net Zero 上注册登录，就能得到完全相同的服务，而不必花一分钱。只要你填妥一份反映你个人信息的调查表，并且同意点击广告信息条。

在互联网上甚至还有免费的啤酒，只要你粘贴 6 个米勒（Miller）啤酒标志，你就可以得到米勒酿酒公司正在发放的 200 万张电子赠券中的一张。

伟大的网络派送在一个名叫 Free-PC 的公司宣布它的电脑派送计划时达到了高潮。这家公司准备派送 1 万台永久显示网络广告的康柏电脑，超过 100 万人报名申请。

如果"免费"的吸引力还不够大，那么"付钱给你"如何？大量的网站都付给在上网的同时浏览广告的网民报酬。

Alladvantage.com 支付每小时 50 美分（一个月至少要满 10 个小时）；MyPoints.com 支付现金或可以兑换实物的积分，如免费的电影出租卡、礼品折扣券、滑雪票甚至境外游。（今天在网上冲浪，明天去夏威夷冲浪吧。）

许多网站的赠品别具特色，PlanetRx.com 派送 672 个 Palm V 手机（连续 4 周，每天每小时一个）；Lycos.com 提供一个幸运数字，你可以一天玩 4 次，只要选 6 个数字并祈祷，你就有可能成为 5 000 个中奖者之一，包括一个特等奖——500 万美元。

最大的一笔钱是 CBS 支持的 iWON.com 抛出的，它每天送出 1 万美元，每月 100 万美元，并且在 2000 年 4 月 15 日纳税日这天送出 1 000 万美元的现金。

这么大量的派送和网站到底有什么关系，不得而知。不像 Youbet.com，iWon.com 不是一个赌博网站，它提供电子邮件、搜索引擎、网上购物等服务以及美国运动在线和市场观察在线（Market Watch.com）等来自 CBS 网站的内容，所有这些都由 CBS 的 1 亿美元支付。

除了派送之外，许多网站在发布新产品时挥金如土。

Pixelon.com，一家加利福尼亚公司计划介绍这一新型网络传播技术，它获得了 2 300 万美元风险资金，随后立即花了 1 000 万美元用于一个新产品发布会，被称为 iBacsh'99。这为期一天的发布会充斥着各焦点人物，包括谁人乐队（The Who）、Kiss乐队、娜塔莉·科尔（Natalie Cole）、南方小鸡合唱团（Dixie Chicks）、传奇歌手托尼·贝内特（Tony Bennett）和黎安·莱姆斯（LeAnn Rimes）等。

这样大笔花钱的潮流旨在吸引千百万的网民，以便他们很快被卖给各大公司作为"广告奴隶"。但事实上，互联网运营商垂涎的广告收入很快就会回落。一家高科技咨询公司 Forrester 研究公司预计网上广告投入将从 1999 年的 20 亿美元，上升到 2004 年的 220 亿美元，或者说占当年广告总投入的 8%。这意味着互联网将超过杂志媒体，与广播媒体的力度不相上下。

别相信这样的预计。互联网将会成为第一个不被广告所统治的新媒体。

让我们再重复一遍，互联网将会成为第一个不被广告所统治的新媒体。理由很简单，互联网是互动式的，这里第一次由用户在主导，而非媒体所有人。用户有权决定去哪儿、看什么和买什么，在许多网站，用户还能决定如何提取和安排最符合用户需要的资料。

广告并不是人们期望看到的东西，他们倾向于对广告发出抱怨，把广告看做是对其空间的非法入侵，对他们的隐私权的侵犯。

"垃圾邮件"就是对直邮广告的常见称谓。

（如果杂志可以互动，读者首先就会把所有的编辑材料放到前面的版面，而把广告统统放到最后。）

当然，起初人们对这种叫做互联网的新兴媒体感到好奇，他们会兴奋地点击广告条幅，看看这东西要说什么。

但是事情在变。调研显示，点击互联网广告的人数已急剧下降。根据追踪互联网广告效用的尼尔森/NetRatings（Nielsen/NetRatings）报告，点击率在一年内已从1.35%下降到只剩一半。

互联网广告所占份额也一直在下降，它已不具备一个健康媒体的特征了。依据一家调研公司的报告，标题性广告的投入已从1999年的20美元每千次浏览下降到2000年的10美元每千次浏览。

1999年，网上最大的广告投放商是通用汽车公司，花费其21.2亿美元的广告预算总额的1%的一半多——1 270美元。（但这些广告投入几乎没帮上什么忙。1999年通用汽车的国内汽车市场份额下降到29.2%，是20世纪30年代以来的最低点。）

大量广告阻止软件的问世可以表明互联网用户对网络广告的态度，如知名的At Guard、Junkbuster Proxy、Intermute和Web Washer，这些软件可以在广告出现在屏幕上之前就有效阻止它。它们通常加速执行速度，使得包含图片式广告的文件被跳过，使页面下载速度加快很多。

甚至，目前的20亿美元的互联网广告收入也并非确切的数字，因为它还包括给一些公司的佣金，比如像 Doubleclick 这样的网上最大的广告销售商。

Doubleclick（双击）的命名真是聪明。不像传统广告代理商那样拿取 15% 的佣金，它收取它所卖广告 35% ~ 50% 的金额作为佣金，可能 Tripleclick（三击）这个名字会更适合。

也不是所有的互联网广告收入都值那么多现钱。一些网站与其他网站交换广告，允许每一个网站登记广告收入。（一个孩子卖出 5 万美元的狗，换回两只 2.5 万美元的猫，他并没有拿到 5 万美元的钱。）

不要被印刷和广播媒体与互联网表面上的类比所欺骗。互联网并不只是另一个媒体，如果是，那么它就不会是一个许多人——也包括我们在内——所相信的革命性的媒体。

在我看来，互联网是一个革命性的新媒体。这样说，你就应该期待看到一场革命，而不是历史的重演。

电视是一种革命性的新媒体？不是。它有没有以一种特别不同的方式改变我们的生活？没有，甚至电视中生意兴隆的家庭购物网络也没有彻底改变什么。"有图画的广播"，这是许多评论家对电视的判断。

你无法两者兼得。互联网无法像传统媒体一样运作的同时又成为革命性的新媒体。革命性在哪里？

它就在我们面前。互联网是互动式的，这才是这一媒体革命性的方面。第一次由目标而不是射手说了算。而目标肯定不想要的就是更多的广告之箭射向这个方向。

人们真正想要的是信息，价格、尺寸、重量、船期、产品对比，所有这些都显示于一个互动的界面上。

我们并不是否定广告。恰恰相反，互联网已经并将继续产生大量的广告，但是它将在网下而非网上产生。这些广告将被"播放"而不是被"点击"——这些能够引导你进入特定网址的广告。

互联网已经在网络之外发布广告了，尤其是在广播和电视上。1999 年，电视广告收入上升 4%，广播广告收入上升 12%。任何看电视和听广播的人都都注意到网站商业广告的迅猛增加。（广播尤其猛烈，三年内有了两位数的增长。）

迈克尔·墨菲（Michael Murphy）开玩笑说："网站的目标是把钱从风险投资商那里转移给广告代理商。"

超级碗星期天（Super Bowl Sunday）现在是互联网广告投放商家的宠儿。36 家购买超级碗 XXXIV 广告时段的公司中有 17 家（几乎一半）是网站。"NFL ⊖ 表演赛"也不便宜，30 秒的商业广告的平均成本是超过 200 万美元，比超级碗 XXXIII 还高 25%。

当互联网广告比例一直在下降的同时，互联网之外的广告比例却在迅猛地增长（因为总有很多可用的广播时段）。

互联网在外部广告上巨幅增长的原因是和人们的心智有关的。

人类思维最显著的特征之一就是遗忘能力。一台电脑从不会

⊖　NFL，美国国家美式足球联盟（也称国家橄榄球联盟）；超级碗是 NFL 的年度冠军赛。——译者注

忘事。200人的空难令全国震惊，这会有损于航空公司的声誉吗？短期内会，但从长期来看不会，人们会遗忘。

美国航空（American Airlines）有比联合航空（United Airlines）和达美航空（Delta Airlines）有更好的安全记录吗？除了这三家航空公司的执行官，谁知道呢？

而有些事情永远也不会被忘记。高中时曾被毒打，被恋人残忍抛弃，被公司解雇，这都取决于事件对人们感情的影响程度。

一个人可以记得几十年前一个事件的全部细节，但也可以很容易地忘记他们在早上穿的内衣品牌。

互联网品牌从两个不同方面受到遗忘能力的影响。第一，品牌并非每日可见。现实世界中的许多品牌都会受益于每日的视觉强化，如壳牌、星巴克、美孚、可口可乐、麦当劳和泰诺。毫不夸张地说，一个人通常都在高速公路上、超市里和药店中看到成千上万的不同品牌。

一个互联网品牌则永远不会突然出现在你面前，除非你传唤它这样做。它不在视野中，也就不在心智中。

第二，互联网品牌（也和大多数品牌一样）缺少情感特征，一些人会爱上它们的品牌，但大多数人不会。

对于大多数人来说，品牌不过是一种质量保证，一种节省时间的体系，仅仅是不必花费大量的时间去比较一种又一种的产品就可以确定所买产品还不错的一种方法。并不会有太多人真的会爱上一瓶亨氏番茄酱，这也是亨氏需要不断出现在超市货架上和饭店餐桌上的原因，为了让品牌保持生命力。

那么，互联网品牌如何做才能保持生命力呢？它们也需要在实际或者说物质世界中经常被看到。

取得可视的最好和最节省成本的方法是公关。一个新的网络品类的第一个品牌通常都会得到蜂拥而至的公众关注。亚马逊、价格热线和蓝山网站都是例子。

一些网站有能力持续吸引公众的注意。每天发生在 eBay 的疯狂拍卖是不间断的故事源。《全国咨询》（*National Enquirer*）的最新标题如是说："他在大卖场中买了一个 3 美元的腌菜缸，转手把它卖了 44 000 美元。"（当然，这是在 eBay。）

互联网本身也将繁衍大量的公关行为。"就像网络电视会产生广告业务一样，"美国公共关系协会主席雷·高尔克（Ray Gaulke）说，"网络技术有足够的能力大量建立公共关系事务。"

然而，许多互联网品牌早晚都会用尽它们的公关潜力，在这一点上说，它们将需要把它们的重点从公关转向广告。除此之外，你还能怎样保持一个不可见的互联网品牌的生命力呢？

公关第一，广告第二，这是适用于所有品牌规划的一般规则，尤其对互联网品牌更是如此。（在《品牌 22 律》一书中详细探讨了公众性和广告之间的关系。）

随着互联网的不断发展壮大，你也会看到网络外部的广告活动在大爆发，这些广告中的大部分是互联网品牌在创造顾客。

广播尤其会成为网站做广告的主要媒体。广播的缺乏可见性并不会对互联网品牌造成不利，因为互联网品牌不存在视觉特征。没有必要用黄色的嫩肉来帮助识别柏杜鸡（Perdue chicken），没有必要通过展示散热器架让人们知道梅赛德斯－奔驰汽车。你的心智中唯一需要记住的事情就是可以进入网站的网名。

在互联网世界，名称就是一切。像广播这样的声音媒体对于人们记住网站名称可谓是个完美的工具。总之，广告对于把潜在顾客拉进网站是至关重要的，但是一旦他们进来了，你也就可以把这些被用作人类诱饵的广告信息忘掉了。

在互联网，互动性是主宰。广告是顾客要忍受的东西，而绝不是他们要搜索的东西。互动性给予了他们选择权。我们认为，大多数人都会利用这一权利关掉广告而去看信息。

如果你要建立一个互联网品牌，还是把给你的网站拉广告这事儿忘了吧。

要把你的网站建设成一个在别处找不到相关信息的地方；或者，一个他们在别处找不到要买的东西的地方；或者，一个他们在别处买不到如此价钱的东西的地方；再或者，一个在别处他们不能与他人见面的地方。

不要把你的网站变成一个和报纸或杂志上看到的、广播或电视中听到的一样充满广告的媒体。

记住，互联网是一个崭新的革命性的互动媒体，而当人们和广告内容互动时，他们通常会把广告关闭。

IMMUTABLE
LAWS OF
INTERNET
BRANDING

定律 7

全球性定律
The Law of Golbalism

互联网将打破所有的障碍、所有的边界和国界。

驱动 20 世纪 90 年代经济发展的一个主要因素是 80 年代末计划经济国家的改革开放。世界不再是意识形态阵营的划分，每个人突然间都在同一条船上了。

全球的主要国家也不再抵制贸易，而是开始交易产品和服务。

然而，是什么导致了它们的改革呢？以我们的观点，并不是西方建立起来的军事力量（虽然出于防范目的，它也许是必需的），而是电视。

"媒体就是讯息"是马歇尔·麦克卢汉（Marshall McLuhan）的著名格言。他指出，如果你把"讯息"简单地理解为"内容"或"信息"，你就忽视了媒体一个最重要的特征：改变人际关系和行为的进程与功能的力量。

那么，什么是网络媒体的"讯息"呢？我们相信这一讯息就是"全球主义"。最终，互联网会让世界上的公民都卷入一个相互联系的全球经济中，用麦克卢汉的话说就是"地球村"。

21 世纪最大的趋势很可能就是全球化。互联网产生出来的就是地球村，媒体就是讯息。

2000 年，美国 37% 的家庭使用互联网，已经成为全球互联网的最大使用国。而其他国家也在赶上，芬兰有 23%，瑞典有 18%，英国有 14%，欧洲总体上是 9%。

1999 年，日本的互联网使用率几乎翻了一番，从 6% 到 11%。如果以美国国内情况作为导向，那么互联网的使用应该会在世界上每一个发达国家迅速普及。那时，世界将成为一个大的全球市场。

潜力是惊人的。美国是世界上最大的产品和服务输出国，也是生活水平最高的国家之一。然而，美国人口不到世界的 5%，而这一比例还在逐年下降。

如果你是一个美国商人，真正的机会在哪儿呢？在国内市场还是在 50 个州之外的那 95% 全球市场的任何一个？

很显然，对每一个美国公司来说，全球市场比国内市场都更为重要得多。这不会一夜之间发生，但是迟早会发生。

还有很长的路要走。2000 年美国的出口只占其国民生产总值的 20%（它也出口资本到其他国家，用于建立工厂、分销体系，最重要的是建立品牌）。

使得美国经济体系如此具有全球性强大力量的不是物质产品或工厂体系本身，而是品牌，是微软、英特尔、戴尔、思科、可口可乐、赫兹这些和其他在世界舞台上各自主导着品类的品牌。

然而，这并非是一条单行道，互联网不仅仅是一个出口美国品牌和美国文化的机遇。相反的情况也可能发生，事实上在许多品类中已经发生了。

- 当麦当劳把美国的快餐带往世界各个国家时，事实上大量的美国人都在食用意大利、墨西哥、中国、法国和日本食品。

- 当迪士尼刚在中国香港投资建设一个新的主题公园时，事实上美国孩子群中最流行的形象不是米老鼠和唐老鸭，而是来自日本的宠物小精灵。

■ 星巴克则是一个融合美国品牌名称的欧式咖啡屋。

■ 来自法国的依云（Evian）掀起了品牌瓶装水的风潮，事实上它已经成为了美国饮料界的一个巨大的品类。

■ 德国的大众车和日本的丰田车也引导了美国小型车的大趋势。

■ 来自德国的梅赛德斯－奔驰和宝马引领了美国超豪华小轿车的新潮流。

■ 来自法国的葡萄酒、瑞士的手表、意大利的时装都对美国市场产生了重大的影响。

美国已成为各族人的大熔炉，同时它也成了全世界产品的大熔炉。随着互联网的兴起，这一趋势会加快，媒体就是讯息。

许多美国网站已在美国以外开展了大量的业务。随着购买欧洲两大竞争者，亚马逊在英国和德国已经成为最大的网上书店，亚马逊在美国以外的销售额目前占到其总销售额的 22%。

这还只是一点点，潜力要比现在大得多。就像邮政快递服务曾为西尔斯和锐步品牌目录所做的那样，互联网会为美国商业界做得更多，或者说为全球任何国家任何地方的商业运营做得更多。互联网会把世界变成一个庞大无比的购物中心。

但是，就像在任何一个购物中心一样，你无法以更好的产品或服务胜出，你需要的是一个更好的品牌。

互联网上长久的赢家将是那些能超越国界的品牌，这是对通用名称的又一打击。

家具网站（Furniture.com）在南美意味着什么？当然不是Muebles——西班牙语或者葡萄牙语的家具 Mobiliario。

亚马逊在世界上每个国家都可以代表图书品类，但是 Books.com只在世界上 5% 的以英语为母语的国家里代表图书。

那么，随着市场的全球化，公司是否都需要去掉它们的国家身份而把品牌变成带有全球身份的特征呢？

不必。每个品牌，包括全球化的品牌都需要来源于某个地方。换句话说，即使是一个全球化的品牌也需要有一个本国的身份。

- 汉堡王是带有美国身份的全球品牌。
- 沃尔沃是带有瑞典身份的全球品牌。
- 劳力士是带有瑞士身份的全球品牌。

就像一个人一样，每一个品牌都需要来自于某个地方，而无论它在哪里制造，在哪里营销，在哪里出售。

美国工人在美国生产的日产汽车始终是一个日本的汽车品牌；马来西亚工人在马来西亚生产的耐克始终还是一个美国的运动鞋品牌。

产品和品牌哪一个更重要？一个产品即使根本就没在那个

国家生产，它也保持其国家身份，这一情况应该会告诉你品牌更重要。

全球品牌建立者应该记住的国家身份是一把双刃剑，它既能对你的品牌有所帮助，也可能损害它，这取决于不同的品类。

美国的个人电脑（在亚洲生产或者用亚洲的零部件）在全球市场上是最强大的品牌。而美国的汽车无论在哪儿组装，除了在美国本土市场，它们都始终是很平庸的品牌。

全球化的市场告诉我们，美国人知道如何做电脑，却不懂得怎么造汽车。是这样吗？这是真的吗？其实一点也没有关系，就建立品牌而言，认知比事实更为重要。

要改变对一个公司的认知是难的，要通过一个公司来改变对一个国家的认知是不可能的。当你要建一个互联网品牌时，你应该努力把你的产品或服务与你对国家的认知联系起来。

- 如果我们要在互联网上建立一个服装网站，我们可能会去意大利，给它取个意大利名字。
- 如果我们要在网上卖葡萄酒，我们可能会去法国。
- 如果我们要在网上卖手表，我们可能会去瑞士。

至少理论上就是这样，实践中也许不同。如果获悉法国政府对葡萄酒的一些规章制度，我们大概就会选择智利或澳大利亚了。

不要忽视世界上的不发达国家，这些国家都为全球品牌建立者提供了惊人的巨大机会, 无论它们位于何处。在不发达国家, 零售的利润通常较高, 可供应的产品较少, 甚至橱窗里展示的产品更少。

对于在这样一些国家的人们来说, 许多网址的地位看起来就是一个个产品目录, 以沃尔玛的低价卖着西尔斯罗巴克的高价。

利用发展中国家的人们是不公平的吗? 如果能提供物美价廉的商品选择是不公平的, 那么我们不明白这不公平是什么意思?

装运产品(或者我们应该说是"飞运"产品)并不会成为你想象中的那样麻烦的事情。邮政服务会把你要读的复印材料航空速递至印度尼西亚的某个地址, 费用不到 10 美元, 这大约是其在国内书店里的零售利润。并且, 随着全球化的发展, 航空速递需求的迅猛上升, 其成本一定会大幅度下降。

全球化真正的障碍是烦琐的程序——税收、关税、海关表格和通常需要的书面材料, 这些才是阻碍并减缓系统运作的障碍。但是, 你总无法阻止进步。从时间上说, 这些障碍也将最终消亡。

全球化的另一个障碍是语言。全球品牌建立者首先要做的决策就是解决语言问题。你使用英语吗? 还是把你的网页翻译成各种不同的语言? 你是否还要为不同的国家建立各种完全不同的网页? [雅虎在 1998 年启用了西班牙版雅虎(Yahoo!en Espanol), 在 1999 年启用了(Yahoo!Brazil)。]

翻译的问题将是非常可怕的。你要发展多少个国家或语言的网页？实际上世界 60 多亿的人口在使用成千上万种语言，仅统计有大量人口使用的语言数（可能有 100 万种语言或以上），但除此之外仍有 220 种不同的语言。为了实现全球品牌，你就会需要220 种语言中一定比例的分语言网站。

使这个问题复杂的是，长期来作为世界第二大语言的英语。有一种趋势，在现在许多国家，英语已经成为一种商业语言。

（例如，一家欧洲公司在斯堪的纳维亚的分部在举行会议时不可避免地要用英语，几乎没有哪个从挪威、瑞典、芬兰和丹麦来的代表能说任何其他的语言，但是他们都懂英语。）

从长期的角度来看，你可能会发现在单语种和多语种上都取得成功的网址。两种策略都会发挥各自的效用，这取决于其提供的产品或服务类型。

对于高科技含量的产品和服务，或迎合高端细分市场的品牌，单一语言策略可能是最好的，思科网站（cisco.com）就是一例。

对于低科技含量的产品和服务，或对于那些符合主流市场的品牌，多种语言策略可能是最好的，"Yahoo!en Espanol" 就是个例子。

（虽说雅虎的想法看起来不错，但是它的策略也是有缺陷的。它的扩展名称给人的感觉是 "Yahoo!en Espanol"，并不是真正的品牌名称，而一个伪装的外国佬品牌。）

但是，要记住营销的一个基本原则，做任何事情都永远不会只有一条途径。大多数人喜欢品牌，但私人的标志也还是有它的市场；大多数人喜欢专卖店，但百货商店也有它的市场；大多数喜欢含咖啡因的可乐、常规啤酒和咖啡，但除了咖啡因的可乐，淡啤和茶也有其市场。

无论你采取哪种语言决策，都肯定会有至少一个会竞争者采取的相反的决策。那么就这样吧，你不可能迎合每一个人，条条大路通罗马。

如果你一定会犯错的话，也要在采用英语语言策略这一边出错，这样似乎更别致些。时间也将站在你这一边。每天都有超过100 000 名非英语国家的人学说英语，而且储存在电脑中的信息中超过 80% 用的是英文。

世界范围内也有一种使用英文品牌名称的趋势，即使那些品牌在非英语国家出售。

- 好莱坞（Hollywood）是一个巴西香烟的品牌名，也是一个法国口香糖的品牌名。
- 蒙大拿（Montana）是一个墨西哥香烟的品牌名。
- 红牛（Red Bull）是一个奥地利能量饮料的品牌名。
- 拳击手（Boxman）是一个瑞典网上音乐公司的品牌名。
- 星乐娱乐（StarMedia）是一个西班牙和比利时语的门户网站品牌名。

到世界上任何一个大城市的主要商业街走一走，大量卖给本地消费者的本地商品都使用英文名称。

比如在哥本哈根，我们注意到主要商业街上大约一半的商店用英文名称。有些是特许／授权经营的，比麦当劳、赛百味（Subwouy）、Athlete's Foot，但是大多数仍然是本地的商店，像 Inspiration、Planet Football 和 London House。

在 Tel-Aviv 购物中心，我们注意到排在一起的 5 个商店名称：Gold Shop、Happy Tie、Happytime、Royalty 和 Make Up Forever。

采用英文名称的趋势将明显对所有的美国品牌有利。在你决定采取多语言策略前，问问你自己：这一趋势是否会使得单一语言策略（英语）成为你将来最好的整体选择。

一些人认为，与其说全球化是一个语言问题，不如说它更是一个文化问题，因此你不得不使你的产品适应目标市场国家的文化。我们并不认同这一点。

可口可乐、麦当劳、李维斯和赛百味是否将它们的品牌名称定得符合当地文化标准呢？它们并没有那样做，并且由于它们没有那样做而大受其益。

媒体就是讯息，并且讯息在世界范围内是与文化同质的，那就是全球化的含义。这并不是好或坏的问题，这就是事实。

当星乐娱乐尝试吸收资本推出第一个西班牙语和比利时语的全球门户网站时，公司受到了批评。

"拉丁美洲人喜欢彼此间个人的接触，没有人想在网上聊天。

人们想用电话交谈，拉丁美洲各国人之间差异很大，甚至没有阿根廷人会想和秘鲁人交谈。"

当然，星乐娱乐后来非常成功，拉丁美洲人的确学会了在网上聊天。人们越来越趋同，而不是越来越差异化了，即使文化人群还喜欢装作有别于大众。

全球化还受益于许多技术发展成果，引人注目的有喷气式飞机和传真机，但是这些发展在互联网所将带来的变化面前已显得苍白无力。

因此，请系好你的安全带，为你的生活的飞速前进做好准备吧。

IMMUTABLE
LAWS OF
INTERNET
BRANDING

定律 8

时 间 定 律
The Law of Time

立即行动，行动要快，要做第一个，要聚焦。

仓促会导致浪费，但是浪费常常是建立一个成功互联网品牌最重要的要素。

如果你想在商界、在品牌中、在生活中成功的话，你就要第一个进入顾客心智。注意，我们说的是"心智"，而不是"市场"。

第一个进入市场并不能给你带来什么，除了有可能最先进入顾客心智的机会。如果你由于过于担心是否把握了所有的细节，而放弃了这个机会，你就再也找不回来了。（在无限期时间中所获得的尽善尽美一文不值。）

许多经理所谓的"率先行动优势"只是虚构的神话。成为一个品类中的第一位行动者并不会有自动获得的优势，除非你充分利用额外的时间进入潜在顾客的心智。

许多大公司行之有效的战略是迅速采用小公司的想法，利用其更多的资源，大公司经常能赢得"心智之战"，并且建立起它是第一个进入市场的认知。

如果你是一家较小公司的首席执行官，那你就要小心了，你需要行动得尤其快。要么快要么就等死，市场进化论是最快者的生存理论。

率先进入顾客心智也并不意味着"最早"进入顾客心智。大多数的公司满足于成为同类产品中"最早几个品牌之一"的品牌，那不等同于你第一个进入顾客心智并建立起你是领导者的认知。

■ 1994 年，雅虎作为第一个网络搜索引擎面市。2000 年，雅虎是最大的搜索引擎，其点击率排名高居第二，仅次于美国在线。

■ 1995 年，eBay 作为第一家拍卖网站上线。2000 年，eBay 仍是网上最大的拍卖网站，每月处理 850 个品类的产品和超过 200 万次的拍卖。

■ 1995 年，亚马逊开放，是第一家网上书店。2000 年，亚马逊每年销售 10 亿美元的图书，是其最大的竞争者巴诺的数倍。亚马逊创始人——杰夫·贝索斯被评为《时代周刊》1999 年"年度风云人物"。

■ 1996 年创办的蓝山网站是第一家电子贺卡网站。目前，该网站每月的访问人数多达 1 000 万，超过它所有的竞争者之总和。后来，该网站以 7.8 亿美元出售给 Excite At Home。

■ 1998 年开办的价格热线是网上第一家航空票务网站，采用"自主报价"的出价系统。2000 年，价格热线是网上最大的折扣机票和酒店房间预订网站，每 7 秒钟就有人在该网站上出价。

5 个公司，5 个品牌，5 个互联网"第一"，也是 5 个主导各自所在品类的市场领先品牌。

这 5 个品牌实际上是第一个进入各自领域的吗？很难确定，但大概不是。

我们能够确定的是这些网站的想法也同时在许多其他人的头

脑中产生。历史表明，想法通常会出现在各种思维中，并且几乎是在同一时间内。

在德国"发明"汽车的同时，法国、英国、意大利和美国的企业家也在研究相同的"机动车"概念。

飞机是在美国"发明"的，但许多法国人以为飞机是法国发明的，直到他们读到了关于莱特兄弟几年前成就了同一伟绩的报道。

如果不是因为哥伦布（Christopher Columbus），我们今天还会认为地球是平的吗？当然不会。一定会有其他人发现美洲，从而证实地球是圆的。

如果没有贝尔（Alexander Graham Bell），我们今天还会用烽烟来通信吗？当然不会，一定会有其他人发明电话。

如果不是切斯特·卡尔森（Chester Carlson），我们还会在用红外辐射热影印法复印吗？当然不会，一定会有其他人发明静电印刷。

在星期天下午想出一个主意和在星期一上午在网上成功建立一个品牌之间有很大的不同。想法（和那些形成想法的最初的点子）比比皆是，而要把一个想法放到网上需要艰苦的工作，更重要的是紧迫感。

你不能浪费时间。我们说的浪费时间是指不断的试验、召开小组讨论会、市场调研。这对互联网品牌来说是一个典型的问题。

为什么大多数成功的网站是由吸收了风险投资金的小公司所

开创的，而非《财富》世界 500 强的公司呢？因为大公司在开始做事之前都要经过大量的市场调查。

互联网发展之快难以衡量。这是一个新产业，知识是缺乏的，几乎没人知道人们在想什么，人们要用什么，人们要买什么……除非给他们现实世界的选择。

由于"完美主义"，大公司经常会错失新机遇。它们不会推出新产品、新服务甚至一个网址，"直到我们做对了"。

从打造品牌的角度来说，"做得对"一点意义也没有。任何值得做的事情，即使是从半途开始也是值得的；任何不值得做的事情，即使方式再完美，也都不值得。

以雅虎为例，它是非常有价值的互联网品牌。雅虎是一个搜索引擎，它会为你在网上找到所有你想要找的东西。

雅虎是自己研发搜索引擎技术的吗？不是。为了快速行动，它通过外包获取搜索引擎技术，先是 Open Source，然后是 AltaVista，最后选定了用 Inktomi 的技术。

最大的搜索引擎网站并没有属于它自己的搜索引擎技术，这让你很吃惊吗？不必惊讶，因为你不是因为更好而成功，而因为"率先"。雅虎的成功在于它快速进入了互联网。

一个美国商业遵守的神话是你因为更好而成为赢家。管理层投入几十亿计的美元在更好的产品或服务的营销调研上，他们将自己的产品和服务与主要竞争对手的进行标准比对，除非新产品和服务具备了显著的、可见的优势，他们才会将其投放市场。

结果是10个新产品中有9个失败了。为什么？以我们的观点，并不是因为质量有缺陷，而是因为时间缺陷，他们没能足够快速地将新产品或服务投放于市场。

大公司在推出新产品或理念时经常缺少紧迫感，有时你能在它们的公众声明中发现这一点。"可能，相对来说，我们来得有些晚了，"新闻集团的首席执行官鲁伯特·默多克（Rupert Murdoch）在宣布公司的第一项互联网投资时说，"但也只晚了一两年。"

只是一两年？在不到两年时间里，价格热线已经从不名一文发展成网上同品类的主导者，市值79亿美元。

抓住今天！如果比尔·盖茨没有在哈佛大学第一年时辍学去墨西哥州为世界第一台电脑开发操作系统的话，微软会如何呢？

抓住今天！如果迈克尔·戴尔在得克萨斯大学没有为创建一个直销商业电脑的公司而退学的话，今天的戴尔公司又会在哪儿呢？

抓住今天！现在正是你利用新思想、新理念开创一家互联网公司的大好机遇，用别人没用过的理念。

另一个需要加快的原因就是证券市场。网络股所取得的令人难以置信的成功使得投资者变得疯狂。没有人会愿意错失这生命中难得的发财机会，金钱是随时可以获取的，但是时间不是。这里有成堆的钞票在等着那些拥有不太成熟思想的25岁年轻人。那些轿车、可乐、面包的品牌是无法与这些迷幻的网络品牌竞争的。

如果你想要获得自己的份额，你就必须加紧行动或者现在就开始行动。

你可能听没说过 NorthernLight.com，并不只是你一个，99%以上的网民都不熟悉这个网站。

它是网上最大的搜索引擎，事实上它可以搜索 1.6 亿个网页，超过雅虎、Excite、Lycos 和 Infoseek。同时，它还收集了6 000 多个完整内容的文本文件，如商业杂志、贸易期刊、医疗出版物、投资数据和新闻报道。

问题并不在于网站，而在于时机。它直到雅虎成立 3 年后才上线，为时已晚。不仅仅是雅虎抓住了契机，这个新的搜索网站还不得不与 Alta Vista、Excite、Infoseek 和 Lycos 相竞争。

问题并不在于钱，这家公司已吸引了 5 000 万美元的风险投资，比雅虎开创时多得多。

以第二的位置开始创建才是最糟的，并且在这样大的包袱之下启动则更糟。在很多情况来看，它几乎没有希望了。

那么，你如果已经晚了该怎么办呢？很多经理会说"我们只有加倍努力。"这并不够（记住唯一定律）。

然而，也并不算太晚，在 1995 年前后，你并不可能拥有2000 年的伟大想法。如果你很晚才进入竞争，你必须要聚焦。迈克尔·戴尔进入个人电脑领域非常晚，所以他把业务聚焦在电话直销个人电脑上，这是个成功的战略。至 2000 年，戴尔电脑已经是全球第二大的个人电脑生产商。

当网络时代到来时，戴尔没有再犯下同样的错误，他的公司率先通过网络来销售个人电脑，这也是个成功的战略。

没有一个好的想法不足以让你快速行动，时代华纳（Time Warner）是第一批建立网站的公司之一，因此命名为"探路者"（Pathfinder）。

但什么是探路者？起初这个网站仅仅是从时代华纳的众多杂志上收集信息，如《时代周刊》《人物》（People）《财富》《货币》（Money）《娱乐周刊》（Entertainment Weekly）等。在收购了特纳广播公司（Turner Broadcasting System）后，公司在网上增加了CNN、CNNsi 和 CNNfn 的内容，它甚至在网上通过《旅游与休闲》（Travel & Leisure）《亚洲周刊》（AsiaWeek，一份中国香港出版物）销售美国运通信用卡。

在投资了据报道称的 7 500 万美元后，时代华纳最近开始减少了它的投资。"探路者"是什么？这个名字唯一的含义是时代华纳出版物的网址，只有极少数人会关注是谁出版了这份杂志 [除非是小约翰·肯尼迪参与其中，但现在他已经离开了人世，《乔治》（George）杂志正陷入严重的困境]，读者只关心杂志本身。

没有人因为《财富》杂志是时代华纳的出版物才阅读它，很多人阅读《财富》与他们是否了解这本杂志由时代华纳出版无关，出版公司的名称与普通读者并没有太大的关系。《财富》本身是一个品牌，而时代华纳不是。

当时代华纳放弃了探路者后，公司为它的主要出版物分别设立了网站。同样，这并不是一个很好的策略（产品线延伸的杂志网站对少数订阅者来说，也许是一种较好的销售方法，但并不是建立强大网络效果的方法）。

时代华纳一直标榜自己是"世界一流的媒体公司"，那两个斯坦福学生创造的雅虎是怎么击败这世界一流的媒体公司的？

很简单，你需要做的就是选择正确的战略与时机，两者缺一不可。

另外，你也许已注意到是美国在线公司吞掉了时代华纳，而不是它被时代华纳收购。

IMMUTABLE
LAWS OF
INTERNET
BRANDING

定律 9

自 负 定 律
The Law of Vanity

在所有的错误中，最大的错误就是相信自己能做任何事情。

商业上的成功并不仅仅显示在利润栏上，也反映在收入栏上。商业上的成功会使高层管理者的自我意识膨胀。

很成功的公司相信它们无所不能。它们能够将任何产品打入市场，能使任何兼并产生效力。问题仅仅在于是否有可投入的力量及资源。"什么是我们想要做的？"这就是管理层经常问自己的问题。

历史表明，这种类型的想法并不乐观。过分自信的管理者需要为过去几十年大部分的营销灾难负责。

- 尽管通用电气以辉煌管理闻名，但仍没能拿下主机电脑市场。
- 西尔斯罗巴克（Sears Roebuck）的"袜子和股票"战略——在零售店出售经纪账户、保险和房地产业务——毫无成绩。
- 施乐未能将其在复印机业务上取得的成就复制到计算机业务上。
- 而另一方面，IBM 也无法将其计算机的成功延伸到复印机行业。
- 当柯达努力跻身于即时成像摄影时，它失去了核心业务。
- 而另一方面，宝丽来在传统 35 毫米胶卷业务方面表现很差。

看到了吗，一旦一家公司在一个领域成功了，它就会努力转向另一个领域，但这经常不太会成功。

问题通常不在于提供的新产品或新服务本身，施乐公司可能有市场上最好的计算机产品。问题在于潜在顾客的认知："一个复印机公司在计算机方面能知道些什么呢？"

换句话说，问题并不在产品本身，而在于心理。商业上最困难的问题就是试图改变顾客心目中已经存在的认知，一旦某个认知已经植入心智，几乎就很难改变（任何一个结过婚的人都知道要改变另一个人的想法有多么困难）。

什么是凯迪拉克？在汽车购买者心目中，它是一辆"大汽车"。但是，市场开始向小型汽车倾斜。于是很自然地，凯迪拉克尝试推出小型的凯迪拉克——凯特洛（Catera），但并没有成功。

什么是大众？在汽车购买者心目中，它是"小汽车"。但顾客现在有了家庭，于是很自然地，大众尝试推出更大的大众汽车——帕萨特（Passat），也没有成功。

凯迪拉克不该卖小型的凯迪拉克，大众公司也不该卖能卖大型的大众车。

你一旦在潜在顾客的心智中代表了某些东西，这个认知就很难改变。大众代表小型车，凯迪拉克代表大型车。你如何改变这些认知？（而且，你为什么想要改变呢？）

这不可能办到，然而它们依然不断尝试。在凯特洛推出之前，凯迪拉克尝试推出西马龙（Cimarron），另一种小型的凯迪拉克，估计西马龙也走不出车间。

林肯的员工应该嘲笑凯迪拉克的困境，但他们没有，他们也正忙于制造新式的小型林肯车。

同时，三吨半重的林肯领航员（Lincoln Navigatior）表现不错。当一个新产品与人们已经存在的认知相一致时，这项新产品就会非常成功。

当大众公司重新生产甲壳虫后，原来的小汽车销量暴增。正如你可能预料到的，新甲壳虫（New Beetle）的成功也让它昏了头。"我们没有理由不能卖 80 000 美元一辆的汽车。"一个大众公司的管理人员最近说。不，有理由，那就是人们不会买账。

互联网上的世界和线下的世界会有不同吗？我们可不这么认为。在互联网上要成功也需要与人们的心智打交道，一旦在人们的心智中代表了某些东西，就很难改变。

亚马逊是第一家在网上销售图书和音乐碟片的网站，这个网站取得了很大的成功，发展至 2000 年，其年销售额超过 10 亿美元（虽然在 1999 年有 3 亿美元的亏损）。

那么，亚马逊下一步会做什么呢？你知道它下一步会做什么的。它正在努力地建成一个"终端网站"，在那里人们可以找到他们想要的任何东西。

■ 影碟和录像带；

■ 电子设备和软件；

- 玩具和视频游戏；

- 家装产品；

- 礼品登记系统；

- 电子贺卡；

- 拍卖，包括和苏富比的合资（亚马逊花费了 4 500 万美元收购了苏富比 1.7% 的股份）；

- zShops，在那里，成千上万的小商人能够在亚马逊的旗下做生意；

- 与 NextCard 公司合办的信用卡（亚马逊花了 2 250 万美元收购了该信用卡公司 9.9% 的股份）。

哇！看看这个清单！但如果你是《时代周刊》的"年度风云人物"，所有这些事情你就应该都能做到。

亚马逊曾经的主题是"世界上最大的书店"，现在不再是了。它更改了主题，新主题是"世界上最多的选择"。

"年度风云人物"亚马逊的首席执行官杰夫·贝索斯说："对顾客来说这是很自然的事，他们想知道你真的能够成为购买音乐、图书和电子产品最好的地方吗？在现实世界中，答案通常是不能。但是在互联网上，这些现实障碍都消失了。"[时代的标志：这个公司最近注册 Amazoneverywhere.net（亚马逊无处不在）作为它的网站名。]

所有的现实障碍在互联网上可能会消失，但是认知障碍呢？

潜在顾客的心智呢？亚马逊是什么？

如果施乐是复印机，IBM 是电脑，凯迪拉克是大型汽车，大众是小型汽车，那么亚马逊就是一个网上书店。

如果亚马逊是一个网上书店，那么它如何同时成功地销售音乐碟片呢？如果它能够成功地销售音乐碟片，为什么它不能也销售玩具和电子商品？

看看你的社区中像巴诺或者沃尔顿这样的大型书店，它们也卖玩具和电子商品吗？不，但它们卖音乐碟片。所以，顾客会把音乐碟片和书店联系起来。

"亚马逊没有理由不卖别的商品。"比尔·盖茨说。是的，它被称为"认知"，它是人类心智的一个重要特征。亚马逊意味着网上书店，它不是拍卖、礼物、家装用品、玩具、视频游戏、电子商品、软件、影碟和录像带的地方。

在现实世界中，你到处都能看到亚马逊的思维。百视达（Blockbuster）意味着影碟租赁。"百视达没有理由不卖别的商品"，公司总部的某个人几年前很可能在抱怨，于是百视达音乐公司（Blockbuster Music）诞生了。

经过几年亏损后，这家公司最终在 1999 年把音乐和其他业务分拆开，音乐业务的新名字是：Wherehouse Music。

波士顿鸡肉公司（Boston Chicken）生产烤鸡。"波士顿鸡没有理由不卖别的食物产品"，高级管理人员说。于是公司将其店名改为"波士顿市场"（Boston Market），并在其菜单中增加了火鸡、肉排和火腿。

你对波士顿烤鸡破产感到惊奇吗？定律又一次发挥了作用。

"你将会看到更多类似亚马逊的例子，一个公司在一个网上领域强大后就要扩大其产品范围。"比尔·盖茨补充道。当然，这很常见。产品线延伸在美国公司中很普遍，几乎跟股权一样，这两项都会使公司越来越自负。

很令人费解的是产品线延伸看来似乎还是有效的，但别忘了，仅短期来看可以，但在长期永远不会有帮助。

如果你率先进入一个新品类，这一点就尤为明显。当你是最早的、当你主导了新品类，你可以通过产品线的延伸在短期内取得成功。你可能会在晚一些的时候付出代价，但你很容易欺骗自己，认为扩张是一个正确的方向。

让我们看看雅虎的例子。真令人难以置信，公司的使命表述为"为所有人做所有事"（To be all things to all people）（这句话就像是一句真言，已被雅虎的许多管理人员在报道中不断重复）。

雅虎起初是互联网搜索引擎，如今它已经把网站扩展到以下单元：拍卖、日历、聊天室、分类、电子邮件、游戏、地图、新闻、网页服务、人员搜索、人事、广播、采购、运动、股票报价、天气预报和黄页服务。

为促进其"为所有人做所有事"的目标，雅虎也花了一笔不小的资金进行了大量的收购。

- 50 亿美元收购 Broadcast.com（提供网上音响和录像传输服务）。

- 37 亿美元收购 GeoCities（主页服务）。

- 1.3 亿美元收购 Encompass（一个技术公司，其生产的软件可以更容易地将消费者与网络服务连接起来）。

- 8 000 万美元收购 Online Anywhere（这项技术能够使公司将信息和服务传递到更多的非个人电脑的设备上）。

雅虎是成功的吗？（愚蠢的问题，这个公司价值 1 140 亿美元。）

当然，雅虎是成功的。但是，这个品牌因其是互联网上的第一个搜索引擎而具有很大的优势，雅虎得到了非常多的公共宣传和报道。

雅虎成为一个知名品牌。在 17 个月的时间内，在 6 000 家不同的新闻媒体上，雅虎赢得了令人吃惊的 45 000 个正面报道，大大超过其他的网站。

过度不会带来任何成功。得到足够多的媒体正面支持，Mussolini Merlot 很有可能成为意大利酒的一个著名品牌。

但是，没有什么事物是永存的。媒体会转移向下一个互联网品牌热点，而使雅虎处于并不舒服的位置，迫使其花费自己的钱去自我宣传。

雅虎是什么？当你"为所有人做所有事"时，这就不是一个容易的问题。

当管理者吹嘘自己时, 他们往往是在自我毁灭。当你努力去做所有的事情时, 你就会以什么事也做不成而告终。

苹果公司始于一家个人电脑硬件公司, 后来它进入了软件、操作系统、个人数字助理等领域。苹果丢失了它的方向、它的首席执行官和几乎它所拥有的一切, 直到史蒂夫·乔布斯重新执掌而使苹果回到它的主业上来——易用的、"酷毙了"的个人电脑。

但是, 任何人都想成长, 你不能责怪他们。那么, 像亚马逊这样的互联网品牌应该怎么做? 这儿有五项基本的品牌战略可用于任何品类的领先者。

(1) 保持品牌聚焦。在互联网上已有 500 多万家注册网站, 你想使你的网站代表一件以上的事物吗? 亚马逊应该集中于图书和音乐碟片, 毕竟它只占全美图书市场 246 亿美元的 4%。

(2) 增加你的市场份额。你主导所在的业务市场的时候, 才是你考虑进入其他行业的时候。在亚马逊占到至少 25% 的图书市场之前, 它仍应继续它当前的业务。

(3) 扩展你的市场。领先者应该明确如何扩展它们的市场, 知晓更大市场的许多好处将会流向它们。想想图书俱乐部、同作者的聊天室和其他构筑图书的活动, 像由亚马逊发起的由知名作家组成的研讨会, 这些措施如何?

(4) 全球化。当然, 互联网已经是全球化的信息和通信网络, 但是亚马逊在美国以外的图书市场上所占的份额却很小 (当前,此公司的海外销量只占其图书总量的 22%，而海外的人口却占全球的 95%）。

亚马逊应该将其大部分精力放在国外消费者身上。英语已成为世界上的商务语言，英语图书的市场也应猛增。

为什么停留在英语上？亚马逊应该将它的互联网专长伸展到世界上所有的主要语言。

思想常常停留在国界上，最成功的公司把世界看做自己的舞台。

（5）主导品类。对于一个领导性的品牌，25% 的市场份额应该是一个保守的目标。拥有美国图书市场 1/4 的份额，亚马逊的销售将达到 66 亿美元，足使其成为《财富》世界 500 强的公司，而且排在通用动力（General Dynamics）、通用磨坊（General Mills）、莱德系统（Ryder Systems），诺德斯特龙（Nordstrom）、欧文斯科宁（Owens Corning）、百得（Black & Decker）、好时食品（Hershey Foods）等许多公司之前。

在打造品牌时，没有什么比主导市场更重要。如可乐中的可口可乐，汽车租赁中的赫兹，啤酒中的百威，轮胎中的固特异，个人电脑操作系统中的微软，微处理器中的英特尔，路由器中的思科，数据库软件中的甲骨文，个人财务软件中的财捷（Intuit）。

亚马逊有一个千载难逢的机会，可以在世界范围内主导图书业务。为什么扔掉这个机会而去追求许多别的市场呢？而在这些市场上它并无主导的可能。

自负会找上你，并且很难抵制。"我们能够进入别的市场。我们有产品、员工、系统、劳动力，还有团队精神。为什么不呢？"

为什么不？你可能万事俱备，包括产品、员工和系统，但是你缺少了一样东西，那就是认知。

无论在互联网还是其他领域打造品牌，问题总是归于同一个：产品还是认知。

许多管理者相信要成功仅需提供更好的产品和服务。但是，像可口可乐、赫兹、百威和固特异等品牌都很强大，却并不是因为它们有最好的产品和服务（虽然它们可能有），只是因为它们是市场领先者并且主导了它们各自的商品品类。

哪种方案更有可能成功，A 还是 B？

方案 A：公司推出更好的产品或者服务，因此而成为市场的主导。

方案 B：公司成为市场的主导（通常是通过率先进入一个新的品类），随后达到了产品或服务更好的认知。

逻辑上讲应该是方案 A，但是历史却压倒性地站在 B 这一边。先是主导，再是认知。

AltaVista 把自己标榜为"网上最具实力和最有用的引导者"。我们没有理由对此质疑。但这足以使 AtaVista 与雅虎争夺门户网站领先者的地位吗？在我们看来并不能。

首先是主导，其次才是认知。颠倒这一过程几乎是不可能的。

如果所有事情你都做对了会怎样？如果你率先进入了一个新的品类，随后主导了这个品类会怎样？然后，你应该尽力地在美国扩展市场，同时也应将你的品牌打入全球市场。

所有的这些事情，可口可乐都做了。但是下一步呢？在打造品牌的历史中没有第二步的行动吗？

一般而言是有的。一个公司可以同时做两件事情（保持聚焦并进行业务扩展），通过很简单的战略去开创第二个、第三个和第四个品牌。

- 可口可乐拥有领先的可乐品牌——可口可乐，以及雪碧——领先的苏打柠檬饮料。
- 安海斯－布希（Anheuser-Busch）拥有百威——领先的普通啤酒品牌、米狮龙（Michelob）——领先的高档啤酒品牌，以及布希（Busch）——领先的低价啤酒品牌。
- 达顿酒店（Darden）拥有橄榄花园（Oliver Garden）——领先的意大利连锁酒店、红龙虾（Red Lobster）——领先的海洋食物酒店连锁。（达顿是世界上最大的便餐公司。）
- 丰田拥有雷克萨斯。
- 百得拥有得伟（Dewalt）。
- 李维·斯特劳斯（Levi Strauss）拥有李维斯（Levi's）和码头工人（Dockers）。

■ 盖普（Gap）也拥有香蕉共和国（Banana Republic）和老海
军（Old Navy）。

美国在线正在互联网上使用同样的多品牌战略。美国在线是
它的高级品牌，用户一个月需支付 21.95 美元。服务包括 19 项
独立的主题、15 000 个聊天室、ICQ、一个很受欢迎的即时信息
渠道。CompuServe 是这个公司的另一个品牌。CompuServe 收
取同样的月费，但会提供给同意购买某种电脑的新用户一定的现
金折扣。

然而，大多数公司采用延伸路线，并不是创立第二个品牌。
"我们的名称有什么问题？我们很出名。我们为什么还需要第二个
品牌？我们依然可以使用原有品牌进行产品延伸。"

一些采用产品线延伸方式的公司似乎已取得了成功，至少在
短期内是这样，微软就是一个很好的例子。

在主导了个人电脑操作系统业务之后，微软又进入了许多不
同的领域，都用了微软这个名字。"如果微软能够做到，为什么我
们不能？"我们的咨询客户经常提出这样的疑问。

我们的回答是：因为你不是微软。当你拥有了超过 90% 的市
场份额，当你在股票市场上的价值超过 500 亿美元，你是足够强
大的，此时你能够做几乎所有的事情而仍然保持成功。

领先地位改变了游戏规则。试着告诉你的爱人，"如果比
尔·克林顿能够出轨，为什么我不能？"

但大多数的首席执行官都不是比尔·克林顿。他们不是世界上最强大国家的领导，他们必须遵守常规。

领先者，特别是像微软这样占主导地位的领先者，能够打破所有的定律并至今仍然遥遥领先。

让我们再看看雅虎，一个沿用微软延伸策略的公司。其首席执行官蒂莫西·库格尔（Timothy Koogle）说道："在在线商务和购买中，你将看到我们不断拓宽和深化所有与顾客交易相关的服务。"

（不要对雅虎的行为太苛责。人生只有一次，年轻、富有和愚蠢比年老和精明要有利得多。）

许多网站都走向同一个方向，但并不具备雅虎那么强大的品牌辨识度。这些网站包括 Buy.com、Shopping.com、Shopnow.com 和其他一些效仿的网站。"不管你想购买什么，我们都能为你提供折扣。"

像 BuyItNow.com 这样的网站卖什么？珠宝、消费电子设备、玩具、厨房设备、家用装饰产品、运动物品、工具、宠物、花园设备、礼物和奢侈品项目。"只要你能提出需求，我们就为你提供。"

Snap.com 则更进一步。你不仅可以通过访问 Snap 网站购买任何产品，还可以从任何商店购买。其主题就是"任何产品，任何商店、任何时间，Snap 购买"。在 Snap.com，延伸已经太过了。

当网络热冷却下来，当网络只是你众多购物途径中的一种时，那种能为任何人提供任何产品的网站就不可能存在于我们的周围。

而另一方面，雅虎并没有什么危险，因为它在这一领域占据强大的主导地位，就像图书和音乐领域的亚马逊。

像雅虎和亚马逊这样的领先品牌，仍然有一个问题。如果这些公司沿用多品牌战略，它们的状况会比产品线延伸战略更好一些吗？

我们是这么认为的。但是，现在要找到想要推出第二品牌的领先品牌已经越来越困难了。

自负将它们导向误区。

定律 10

分 化 定 律

The Law of Divergence

人人都在谈融合，但发生的事实却恰恰相反。

当一个新的媒体出现时，一种言论开始兴起，"融合，融合，这个新的媒体将跟谁合并呀？"

当电视机出现时，到处可见关于电视和报纸杂志融合的报道。你再也不用从信箱里取杂志了，当你想要哪一期，你可以直接在电视上按个按钮，这期杂志就会在你的起居室打印出来。（这不是我们编造出来的，我们只报道事实。）

当互联网到来时，同样的呼声又出现了。你可以在看电视的同时畅游网络（微软的网络电视是这项服务的领先提供者）。

许多公司努力地想把电视和个人电脑结合起来，却没取得多大成效——苹果、捷威（Gateway）和其他的一些公司。

融合已经成为微软的一个症结。"比尔·盖茨成为信息时代的亚哈船长（Captain Ahab）⊖了吗？"《纽约时报》最近问道。"盖茨先生的白鲸仍然是不可捉摸的数字光缆盒，他的微软公司希望通过合并个人电脑、互联网和电视来建成一个巨大的起居室娱乐和信息设备，以重新创造个人电脑行业。"

个人电脑、互联网和电视会融合吗？永远也不会。技术不会融合，只会分化。

许多互联网商家都掉进了融合的陷阱。他们想寻找将真实的世界与互联网世界相结合的途径，他们的创造力无极限。

⊖ 出自《白鲸》，捕鲸船长亚哈和南太平洋上一条名叫莫比·迪克的巨大白鲸之间的故事。被白鲸咬掉一条腿的亚哈船长指挥着航船行遍世界大洋，只为追踪这条令人闻之色变的巨鲸复仇。白鲸可被看做大自然无常力量的象征，它不像其他鲸按照季节和自身规则出没在某个水域，白鲸违反了鲸类的一般规律，它是没有线索的，是未知的。——译者注

- 互联网上的报纸和杂志。
- 互联网上的收音机和电视。
- 从你的电话或掌上电脑中获得互联网服务。
- 从你的电脑或电视上获得传真和电话服务。

媒体在好长时间内一直在煽动融合的火焰。《华尔街日报》1993 年的一篇文章中写到：

近来，在计算机、通信、消费电子、娱乐和出版这全球五大行业的巨头企业中，震惊是最普遍的感觉。在一项热门技术的冲击下——大量的视频、声音、图形和文本内容以数字形式进行传输的能力不断提高——它们进行转换和融合。

《纽约时报》这样描述：

数字化的融合并不是一个对未来的预期或者亟待决定的选择，它是一列正在奔驰的火车。所有信息形式的数字化（包括感觉的传递）已经证明这是正确的、经济的、有利生态的、能广泛应用的、易使用的和速度极快的。

《财富》杂志的描述也充满热情：

融合将是在这个年代剩余时间里的热门词。这并不只是关于光缆和电话能够马上合并，这关乎主要行业的文化和企业——电信（包括远程公司）、光缆、计算机、娱乐、消费电子设备、印刷，甚至零售——融合成一个特大行业，能够为家庭和办公室提供信息、娱乐、商品和服务。

媒体说话兑现。《华尔街日报》出版了一本名为《融合》（*Convergence*）的杂志；《福布斯》出版的专刊名为《伟大的融合》（*The Great Convergence*）；《商业周刊》举办了名为"全球融合论坛"（The Global Convergence Summit）的活动。

随着媒体不断渲染融合的概念，众多的公司都急切地要跳上花车队。当被《财富》杂志问及康柏找到了什么特别的机会时，新总裁迈克尔·卡佩利拉斯（Michael Capellas）说道："你将会看到设备的大融合。在这个世界上，谁都想让自己的掌上电脑、电话、CD 播放机都合而为一，这样他们就不用把这三个设备都带在身上了。"

那永远也不会发生。技术不会融合，会分化。然而炒作还是开始了。

一个著名的未来学家指出，"在不远的将来，我正在看《甜心俏佳人》（*Ally McBeal*），我喜欢她穿的衣服，于是我就把手放在电视屏幕上。她会中断节目说，'费丝，你喜欢我穿的外套吗？''是的，'我说，'我喜欢你的衣服。'于是她就说，'这里还有几款颜色。'我会告诉艾丽⊖我想要蓝色或者黑色,或者两件都要。她会说,'不,费丝。你刚才已经拿了太多蓝色和黑色的衣服到你的壁橱里,我觉得你这次应该试试红色。'然后我会说,'好的',第二天就会有人把适合我尺寸的红外套送上门来。"

当被问及这一切需经多长时间能够实现时,这位著名的未来学家答道:"不出五年。"

不必激动。如果《甜心俏佳人》在未来五年内仍在播放,艾丽就已经很幸运了,更不用说她还能提供个人购物建议服务了。

当电视机和电话都将变为电脑,电脑将变为能够接收电视、收音机节目以及电话的设备。

这一切已开始实现。例如,广播网站(Broadcast.com)提供了 30 多家电视台和 370 家广播电台的现场报道,通过神奇的互联网,所有这些电台和电视台在电脑上就能收看或收听到。同时,对手 Real Networks 公司已将 1 100 多个直播电台连到了它的线上,另一个竞争对手 InterVU 也已组建了一个网络集中于提供商业服务。

人们会在电脑上看电视节目吗?当然,有些人会的,但大多数电视节目仍很有可能在电视机上播放。

事实就是技术分化,它们不会融合。飞快回顾一下历史可以证实分化理论。

⊖ 《甜心俏佳人》的女主角。——译者注

■ 收音机以前只是收音机。今天，我们有调幅收音机和调频
收音机，我们也有轻便收音机、汽车收音机、耳机收音机、
钟表收音机、有线收音机和卫星收音机。收音机并没有同
其他媒体融合，它分化了。

■ 电视以前只是电视。现在我们有广播电视、有线电视、
卫星电视、付费电视、电视并没有同其他媒体融合，它
分化了。

■ 电话以前也只是电话。今天，我们有固定电话、无绳电话、
汽车电话、移动电话和卫星电话，也有模拟和数字电话。
电话也没有同其他通信技术融合，它分化了。

■ 电脑以前只是电脑。今天，我们有主机、中型机、微机、
网络电脑、个人电脑、笔记本电脑和掌上电脑。电脑没有
同其他的技术融合，它分化了。

人们经常混淆可能的和实用的。在尼尔·阿姆斯特朗（Neil
Armstrong）和巴兹·奥尔德林（Buzz Aldrin）于 1969 年登上月
球之后，媒体上就充斥着关于未来移民太空的观点。他们将住在
哪儿？他们吃什么？他们如何工作？

（月球只是一个参观的好地方，但会有多少人想住到那
儿呢？）

可能而不被需要的产品不会成功。电脑和电视看起来好像充
满可能，但苹果、东芝、捷威和其他的品牌推出的电脑和电视融

合产品都失败了。

最近，飞利浦又进了一步。除了电脑和电视调谐器，飞利浦 DVX8000 还具备调频/调幅收音机和光盘/影碟播放机的功能。你还需要什么？

比如说，简单、易用、可靠、轻便、防止过早报废和低成本。

你不需要从家里的电视机连接到互联网，你很有可能会在将来的某一天拥有一台互联网设备，只用这一台电子设备便可连到互联网上。（定律 10 "分化定律" 在发挥作用。）

实际上，市场上有许多这样的产品。花 199 美元，你能够从 Netpliance 上得到信息开启器（i-opener），一种只能网页浏览和收发电子邮件的装置。如果你只对电子邮箱感兴趣，你可以从 Vtech Industries 公司预订电子邮箱服务（e-Mail），并且能够省下 100 美元。（黑莓就是另一种分化趋势的设备，已经拥有许多热心用户。）

为什么分化的产品通常会成功，而融合的产品却失败呢？一个原因就是融合的产品总是在妥协。在飞利浦 DVX8000 内部的英特尔微处理器完好运作的寿命大约只有三年，而家庭影院一半的设备可以持续 20 年。

在电视和电脑融合之前，你可能认为电视会与卡式录影机融合。当然你可以购买电视与影碟机的合体产品，但是大多数人不会。最近，我们访问了一家销售多种消费电子设备的商店。

"你们的电视影碟机销量怎样？" 我们询问营业员。"很少。" 他答道。

许多洗衣机和烘干机的融合产品销量也不是很好，还有微波炉 / 火炉、电话 / 电话应答机、复印 / 打印 / 传真一体机。

时钟收音机是融合概念的一丝希望。热心者很喜欢把时钟收音机作为一个精彩的例子。但是在某种程度上，时钟收音机并不是一个双重功能的设备，它是一个单一功能的音乐闹钟，它用音乐代替了地震般的噪声在早上将你从床上叫醒，并没有多少人用时钟收音机来收听广播节目。

除了时钟收音机，融合产品的历史是阴暗的。第二次世界大战之后，美国最大的两个行业就是汽车和飞机。当然，权威人士认为汽车即将与飞机合并。

在 1945 年，特德·霍尔（Ted Hall）介绍了他的飞行汽车，这被众多热心大众所接受。马路不久就会过时，交通堵塞也会成为历史，你可以在任何地方、任何时间、完全自由地移动。美国每一个主要的飞机制造商都希望购买霍尔的发明，幸运的购买者是康维公司（Convair）。

1946 年 7 月，康维公司以康维 118ConvAirCar 的名义推出了霍尔飞行器的设想。公司管理层非常自信地预测一年的销售量最少也会达到 16 万台，每台售价 1 500 美元，机翼需另外单独支付一笔费用购买，也可以在任何机场租用到。

尽管媒体大肆炒作，真正制造出来的 ConvAirCar 只有两台。据说它们现在都被闲置在加利福尼亚州埃尔卡洪的仓库中。

三年后，莫尔顿·泰勒（Moulton Taylor）介绍了空中汽车

（Aerocar），一个附有机翼和尾翼的运动型汽车。当时空中汽车获得了大量的公关支持，福特汽车公司考虑过将其大规模生产。但是，泰勒的空中汽车遭遇了与霍尔的飞行汽车相同的命运。

成功的几乎总是分化，而不是融合。今天，我们有许多类型的飞机（喷气飞机、螺旋桨飞机、直升飞机）和许多汽车（轿车、敞篷车、旅行车、SUV），但几乎没有飞行的汽车。

自称融合主义者的人也应该研究一下由德国一家公司极力推出的汽车轮船产品 Amphicar（水陆两用车）。像所有的融合产品一样，Amphicar 的两项功能都性能欠佳。"开起来像船，漂起来像汽车"，购买者如此评价。

糟糕的创意从来就不会消失。保罗·莫勒（Paul Moller）用了 35 年开发空中汽车，一种能够像汽车一样容易驾驶的飞行器。今天，在花费了 5 000 万美元、拥有了 43 项专利和结了三次婚之后，他的梦想破灭了。

不要笑。几十年后你觉得很愚蠢的事情总是在今天被看得很重要。1999 年 6 月 24 日，《华尔街日报》在它的市场部分的首页刊载了关于"莫勒的天空梦"的文章。

激励莫勒的想法也同样激励了微软。微软公司给网络电视（WebTV）倾注了数百万美元，旨在将美国 1 亿个拥有电视机的家庭转变成互联网用户。

当然，网络电视的市场份额正接近 1%，但是，融合产品会有将来吗？

有许多证据表明，将具备"互动性"的互联网和"被动性"的电视结合起来，并不管用。时代华纳于 1994 年在佛罗里达的奥兰多推出了第一个数字互动电视网络——全服务网络（Full Service Network），但两年后就关闭了。

一个名为 ACTV 的公司成立于 1989 年，它想要把互动电视带入千家万户。这个公司在 20 世纪 90 年代平均每年损失 700 万美元。最终，ACTV 与福克斯体育（Fox Sports）频道合作推广它的第一种产品：一个月花 10 美元，观众在节目播放的任何时候，只要用遥控器上的按钮就能控制不同的摄像视角，还可以暂停、剪辑即时赛况。

"沙发土豆"们⊖会放下手里的百威啤酒，花很长时间去改变摄像视角吗？我们并不这么认为。至少在主场队第三次触地时不会这么做。

为了提供此类服务，电视导演报酬颇高。普通观众为什么会愿意为此支付费用呢？

不仅如此，将时间花费在寻找最好的摄像视角会使观众错过比赛，更不用说房间里其他手中并没有遥控器的人们会多么受挫。

技术常常战胜逻辑。"如果你利用技术建立融合，融合就会来临。"比尔·盖茨，高级技术团队的管理者，正在很大程度上将他的队友们卷入融合。除了在网络电视上的投资，盖茨还投

⊖　成天躺着或坐在沙发上看电视的人。——译者注

了 50 亿美元到 AT&T 以帮助它购买光缆电视业务。作为回报，AT&T 同意向微软 Windows CE 操作系统颁发最少 500 万张许可证。

这两家公司希望一个机顶盒 DTC5000 就能作为涌入家庭的所有数字信息的入口。除了互动有线的 500 个频道，DTC5000 还将处理电话服务、视频请求、立体声音响、视频游戏和互联网接入。一个信息时代的标志就是许多权威人士称为机顶盒的东西。

飞行汽车、空中汽车、机顶盒，数十亿的美元都浪费在追逐融合的幻想上。为什么我们用这么多的例子来证明融合的愚蠢呢？

因为品牌并不伴随着融合而建立。除非你清楚地看到了融合概念的谬误，否则你不可能建立一个成功的互联网品牌。大多数的互联网想法、品牌和公司都以融合概念为基础，这就是大多数互联网品牌会失败的原因。

- 如果你能够找到家庭选择、家庭购买、家庭销售、家庭拍卖在同一个易用的网站上会怎样？（Homeeadvisor.com）
- 如果你能够用你的电脑收听收音机的广播会怎样？你所需要的就是扩音器、耳机和音响软件。（Spinner.com、Imagineradio.com、Netradio.com）
- 如果你能够用你的电脑看电视节目会怎样？（WinTV、AT1 技术）

■ 如果你能够用你的移动电话浏览网页、收发电子邮件、向个
人电脑传送数据会怎样？（NeoPoint、Nextel、Sprint PCS）

■ 如果你能够用你的电脑听音乐会怎样？（Mp3.com）

"过去人们常常要到不同的地方才做不同的事情"，这是我们
的咨询客户首先会谈到的前提，"通过使用我们的新网站，它们就
能够一步到位。"（哦！又一个要谈融合的客户。）

我们在不同的地方剪头发、干洗衣服，但我们可以确信对于
将来"可能"的企业家而言，那决不代表"机会"。（我们习惯于
在一个地方理发和修指甲，现在我们去两个不同的地方，那是分
化在发挥作用。）

为什么事物会分化？分化顺应自然规律，融合则不是。

比如说，在物理上，均衡定律认为在一个封闭系统中的杂乱
程度总是增加的；相反，融合的模式会使事物更有序。

在生物上，进化论认为新物种是由某一物种分化产生的；融
合论却认为，两个物种的合成可以产生一个新的物种。

在自然界中，你总是会看到事物在分化而不是融合。我们有
几百种狗和几百种猫，但很少有狗猫、鸡驴或者马牛。

当一个公司试图用融合的概念建立其互联网品牌时，它违背
了自然规律。"你想要有三种不同的电子信息——声音信件、电子
邮件和传真吗？那好，我们能够提供给你。"

这些新的包揽服务被称为"整合讯息站点"，不必拨打语音信

箱、打开电子邮件或检查传真机,你只要直接登录网页就能获取

你的所有信息。(Messagesclick.com、Onebox.com、Telebot.com、

Mreach.com)

整合讯息站点服务有什么错误吗?没有,只不过它开起来像

船,漂起来像车。

INMUTABLE
LAWS OF
INTERNET
BRANDING

定律 11

转 变 定 律

The Law of Transformation

互联网革命将会改变我们生活的各个方面。

在商业上，做任何事情都不可能只有一种途径。

■ 有些人偏好在专卖店买东西，而有些人喜欢在百货公司购物。

■ 有些人愿意到超市购物，而有些人则喜欢到邻近的商店采购。

■ 有些人喜欢到大商场采购，而有些人不喜欢。

■ 有些人会依据商品目录购物，而有些人则不会。

■ 有些人去沃尔玛，因为那儿的价格低；有些人却去尼曼（Neiman-Marcus），因为那里的价格高。

■ 有些人通过互联网满足他们大部分的购物、信息及通信的需要，而有些人则不。

■ 有的产品和服务通过互联网来销售或分配，而有的产品和服务却不是。

如果你的产品或服务是属于后者，你可能会认为自己并没有从网络上得到什么，但我们认为你的这种想法是错误的。

不论你是否上网，互联网都会影响你的业务。互联网会给你的业务和生活带来什么变化？未来怎样并不明朗，但可以做一些预测。

1. 纸质目录会消失

你不会再奇怪 1768 年出版的《大英百科全书》(*Encyclopaedia Britannica*) 不再以纸版出现。从现在起，百科全书可以在网上购买或以光盘形式发售。

出版"黄页"电话簿的公司应该感到焦虑了，以前用手指翻页，现在只要快捷地敲击键盘就可以了。

"指尖的信息"，微软公司在它早期的广告如是说。而这确实是真的。比起纸质目录，在电子目录中可以更快速地找到水管工、电工、兽医、汽车经销商。

公司每年在黄页广告费上花费的 120 亿美元会遭遇什么？很好的问题。如果我们依靠出版或销售纸质目录的广告空间赚钱，那么我们就会担忧了。

由于互联网的介入，纸质目录将会消失。使用者可以用数以千计的方法来操作一个计算机数据库。

而且，数据库可每日更新，甚至是每小时更新。典型的"黄页"可能一年才出一本，当它被放到你案头的时候已经过时了。

甚至，一些大型的纸媒机构将来会面临很大的竞争压力。有116 年历史的《牛津英语词典》（*Oxford English Dictionary*）在实行网上订阅后也会不复存在。曾有20 卷，要花费 2 900 美元的词典，在互联网时代行将落伍。

2. 纸质目录面临着一个不确定的未来

每天全国各地的邮箱都塞满了无数的商品目录单。据一项估计，1999 年美国邮寄的目录单有 176 亿份，也就是男女老少每个人被派送到 64 份。

这种状况会改变的，所有的目录单都会发现身处激烈的电子竞争中。有许多原因说明为什么电子目录优于纸质目录。

电子目录是互动的，你可以根据类型、大小、颜色、价格、重量等来分类。以亚马逊网站为例，你可以依据作者、题目、主题、图书类别来加以分类。相比较而言，纸张目录本就很不实用，除了很少的选择外，它的渠道很窄。

而且，电子目录的分发要便宜得多。一旦某材料通过电子格式编辑，它的分配成本几乎为零。然而，制作一个纸质目录可能要消耗很多，印刷那 176 亿份邮寄的目录单就要耗费 335 万吨纸。

假如你是利昂·比恩⊖，你会怎么做？很好的问题。

在过去的几年里，利昂·比恩销售业绩平平，而目录单成本却给了它最大的压力。因为公司一年要印刷邮寄目录单 30 次，而且印刷和邮寄的成本还在继续上升。

所以，利昂·比恩建了一个网站来销售目录中相同的商品。这是不是一个好主意？

是，也不是。一般而言，当你扩大品牌的范围时，势必会削弱它。从长远来看，多渠道销售会从本质上提高成本而不会对增加销售产生很大影响。

一个配备计算机硬件和编程服务人员的全职能网站可不是一个廉价的提议。

⊖ 美国著名的户外用品品牌 L.L.Bean 的创始人。——译者注

为使公司重新运营，除了 9 家工厂直销店，利昂·比恩又开了零售连锁店。直销店帮你解决库存问题，然而当你开了零售门店后，就是直接在和自己竞争。这并不是一个好主意。

对利昂·比恩和其他的目录公司而言，一个更好的解决办法是在将整个业务转移到互联网上。不要试图去维持那两种昂贵的分销渠道，因为其市场确实有限。

你不可能一夜之间就做到这一点，你需要转换时间。你将逐渐减少邮寄目录单的数量，将节约的一部分投到网站的宣传和广告计划上。你需要找到一个方法让潜在顾客浏览你的网站。

从计算机而不是目录上订购产品的一个主要优点就是网站的互动性，你可以立即知道想要的颜色及大小的产品是否有货。

（这当然只是理论上的优势。一些站点不得不将仓储操作与订单系统结合起来。）

当你要从目录中订购时，不可避免地会遇到你想订购的项目正好没货或者限定的情况。

是不是每个目录公司都应转向网络？当然不是。从来就不存在做某件事情只有一个途径的情况。对于目录中的某些产品，继续维持只提供目录单的方式可能是更好的战略。当目录单邮寄逐渐减少，在此领域余下的公司会发现，它们独特的目录单的销量反而变大了。

3. 精致的全彩小册子将会极其少见

许多公司将会重新考虑对昂贵小册子的使用，因为小册子出版时可能早已过时。如果通过网站可以浏览到相同信息，可能会更有效。

如果某些东西确实是潜在顾客所需要的，那么完全可以用现在市场上不太昂贵的彩色打印机打印出来。

比如，一种召开研讨会的方法，就是分发不太昂贵的批量邮寄品（可能是明信片），然后邀请他们到网站获取详细资料。

公司的年度报告是另一种即将消失的印制小册子。然而，证券交易委员会改变控制它们用途的规定可能还需一段时间。

4. 分类广告将会移至网上

大部分的报纸收入都来自它们的分类广告。这个品类也将面临来自网络的巨大压力，尤其是住房、公寓、求职信息。

以你所需的目录单为例，第一个处理这一类别的网站是Monster.com，如今是求职类网站的领先者。（创造一个你率先进入的新品类，对于一个潜在的领导者而言是一个不错的市场战略，不论是在互联网上还是现实世界里。）

发展至 2000 年，这个网站通过管理一些公司的职位招聘信息及导入的 150 万简历可获取 1 亿美元的收入。每月有超过 700 万人访问这个网站，查阅 227 000 个职位信息。Monster.com 甚至是盈利的。

从长期来看，互联网会抢夺地方报纸收入的大部分来源。对此，《号角日报》（*Daily Bugle*）应该做什么呢？

回顾过去，答案很简单。在 Monster.com 之前开一个求职网站。谁会比报纸行业更了解招工市场？现在花钱使用 Monster.com 的公司几年来一直是报纸的客户。

情况经常就是这样，对既定市场和行业知晓最多的人往往最不愿意看到变化的来临。许多大公司的座右铭是：听不到变化，看不到变化，讲不出变化。

5. 邮政服务投递的邮件将减少

"邮递员"这几个字曾经很显著地印在邮政服务的制服上，以后不会有了，现在一般的邮递员也不会携带很多信件。这项业务也已转变为电子形式，要么是电话、传真，要么是电子邮件。

在 2000 年，有超过 4 万亿的电子邮件发出，比邮政服务投递的 997 亿封平邮信件的 40 倍还多。

如今平邮的信件大部分是账单、发票和财务报表。信件和支付账单数额就高达 170 亿美元，约占邮政服务收入的 30%，而这部分尤其抵挡不住互联网的竞争。

让我们看看当顾客订购产品或服务时，公司开出账单时会发生什么。例如，一家电话公司每月的电话账单。

电话公司的主机打印出一张发票，装进信封后，以平信寄出。邮政服务投递了账单后，客户就会签一张支票，装进回信的信封，并加一张平信的邮票。邮政服务又一次投递了邮件后，电话公司才打开信封，在它的银行账户上存入这张支票。（到现在为止，循环的邮递就花费了 65 美分，不包括邮政服务为平信提供的小幅折扣。）

接下来要发生的是很有趣的一部分。银行计算机会加以调整，增加电话公司账户的钱，减少客户账户的钱。（当然，这只限于买卖双方用的是同一家银行，否则银行间还会发生更多的交易。）

所有的纸面工作、所有的邮费和所有的人力都只是将电脑里的数字从 A 栏移到 B 栏。

人们在很大程度上已忘记钱并不是印刷的纸，它甚至不是地窖里的黄金。钱是在世界范围内存储在计算机内的电子信息碎片，把钱从一个账户转到另一个账户，你就转移了一些碎片。

通过网上发账单和在线支付的时候到了。可以预见，电子银行业务会急剧增加，投递的平信量会急剧减少。

如果你认为那个时代不可能那么快到来，就看看快速增长的电子邮件，它正以几乎每年 50% 的速度增长。电子银行还会远吗？

据审计总署的一份报告："邮政服务的时代或许正要终结。"

6. 所有类型的金融服务都将移至互联网

因为钱不过是计算机中的碎片，所以整个金融服务行业会移至互联网上。

在你的卧室或办公室开一个账户是很合理的，那样你检查发票、支付账单、转移资金以及借钱，都可以通过在银行的电脑上操纵那些碎片来完成。

在自动取款机被引入之前，计算机已经给银行业带来了变革。计算机（和互联网一起）将结束 ATM 机起先给我们带来的一切。并没有什么原因说明为什么银行和大部分的金融交易，包括保险与股票交易，不应通过互联网来进行。

将金融交易转移到互联网上会带来很大的节约。平均而言，一个银行出纳员处理一项客户交易的费用是 4.2 美元，通过 ATM 机只需 1.1 美元，同样的交易在互联网上只需 10 美分。

那是金融冰山的一角，真正减少的耗费来自发票以及账单的支付。在美国每年签出的支票约有 700 亿张（每人平均 260 张）。许多这种庞大的纸上交易都可以很容易地转移到网上，既节省了钱，又改进了企业和个人的记录。

当然，有一种担忧就是计算机并不能像 ATM 机那样可以交易真正的钱币，但这并不是什么问题。当越来越多的人在支付大部分的购买时选择信用卡、借记卡和支票，纸币的重要性就在下降。

你可以在路上旅行一个星期而不需使用纸币（我们实践过），除了少量的小费、出租车费和报纸开销（甚至出租车公司也开始使用信用卡）。用信用卡给旅馆的服务人员及机场的搬运工支付费用可能还需要一段时间（用信用卡，他们就得为自己的小费收入交税）。

7. 包裹快递业务将会有大发展

互联网会带动所有包裹快递公司的业务。联合包裹运送服务公司（UPS，United Parcel Service）可能想改名为互联网包裹服务公司（IPS，Internet Parcel Service）。

因为数量的增大，可以预期快递价格会保持不变，甚至降价。

这个系统最薄弱的环节是在顾客的家门前。由于许多丁克（DINK，夫妻双方都有收入，没有小孩）家庭，当投递员到达时许多顾客并不在家。

有些公司已着手解决这个问题。例如，Smartbox 是一个带锁、加固的箱子，有各种大小，可以安置在家门外。为了可以接受各种快递服务，这个装置可以与互联网连接。当箱子的主人从网上订购时，其专门的软件会为每项订购生成代码并进行传输。快递人员可以在小键盘上输入密码，打开箱子后将物品送达。

8. 网上零售会成为价格战

大多数产品会在网上购买吗？可能不会。但互联网会改变大多数零售商所关注的焦点。

有的零售商很担忧。家得宝公司（Home Depot）将通过互联网出售它的产品，这也令其他有类似想法的供应商跃跃欲试。这家零售商给所有的供应商发了封信，告诉他们决定在上网直接向消费者销售工具和器械之前一定要三思。

"我们认为，忽视我们的零售商对他们产品的销售，对于卖主而言是短视的。"家得宝在信中说。

互联网在将来会怎样改变零售业？为了更好地理解这场即将到来的变革，看看零售业的历史可能会更有帮助。60 年前，世界上最大最成功的零售商是西尔斯罗巴克公司。

西尔斯以什么闻名？因为它出售各种东西，并非出售一种产品。如果沃尔沃代表"安全"，宝马代表"动力"，诺德斯特龙公司代表"服务"，你将会发现西尔斯公司代表"信誉"（公司有许多研究表明这种概念是真实的）。

顾客们相信西尔斯以合理的价格出售好产品。

如今有变得一丝不太真实吗？没有。那么什么变了？并不是西尔斯。它仍然以合理的价格出售好的产品，如肯摩尔（Kenmore）冰箱、蒂哈（DieHard）电池、工匠（Craftsman）工具和其他的西尔斯商品。

变的是全国品牌的出现。自西尔斯辉煌的时代来临后，全美国出现了相当数量的知名品牌。列举一部分：美泰克（Maytag）、百得、固特异、厨宝（KitchenAid）、Cuisinart、索尼、任天堂（Nintendo）、拉尔夫·劳伦、李维斯。

（几年前西尔斯创立了它的"品牌中心"概念，承认了全国品牌对抗零售自有品牌的威力。）

随着全国品牌的出现，零售业的情况改变了。"信誉"逐渐融入了品牌名称之中，零售商所能做的就是按一定的"价格"提供

"产品"。

人们信任西尔斯，但他们会从沃尔玛购买。同样的商品，沃尔玛的价格更低。"我们以更低的价格出售"，沃尔玛的广告中如是说。

全国品牌使得潜在顾客能够将很多不同零售商的零售价格进行比较，零售已成为一种价格游戏。沃尔玛，而不是西尔斯，成了世界上最大的零售商。

价格已成为零售行业的主动力。随便拿起一份报纸看看零售广告，你发现什么？这就是业内所称的"类目和价格"广告。它是一份品牌、产品类别、规格和价格的列表。

"Star-Kist 金枪鱼，6 盎司罐装，89 美分。"

你可以到美国任何一条零售街走走，看看店里的橱窗。你看到了什么？打折的广告。最近我们走过一条零售街，连续 12 家零售商在橱窗里挂着"打折"的广告。直到我们走到第 13 家，才发现它没有打折的广告。

价格游戏给生产商带来了许多问题。零售商经常要求最低的价格以使它们能够打出"全城最低价"的广告。生产商通过生产各种样式、颜色和大小来满足这些要求（在这方面，床垫及床上用品生产者臭名昭著）。

沃尔玛和一些大的商家都以要求特殊大小的商品而闻名，这样它们可以得到更大的折扣，而顾客却并不那么容易将其与其他零售店同类商品比较价格。于是有了特殊购买、清仓产品、过时产品、生产商生产的次品，以及其他大量的在零售中低价出售的策略。也有许多国外带来的灰市商品（这就是为什么你可能会在低价商店看到印有法文包装的锋速 3 剃须刀）。

互联网通过推动许多这样的价格促销改变零售业的状况。如果顾客真正想要的就是超低的价格，那么购物的场所就应该是网络。

不再需要阅读许许多多不同的广告，从一家店铺到另一家店铺，你可以坐在键盘前，从相当数量的资源中很快地比较同种商品的价格。

而且，你可以通过"代理人"来寻求帮助。像 ClickTheButton、DealPilot、RUSure 等代理公司已经研制出软件，可以扫描多个购物网站，比较价格和递送日期，并把信息分类（大部分按价格分类）。

例如，DealTime.com，广告说它能帮你"在你想要的地方，以你期望的价格，找到你真正需要的商品"；BookPricer.com 将帮你"在 30 秒以内找到任何图书的最低价格"。

谈到图书，亚马逊以 50% 的折扣销售《纽约时报》的畅销书；Booksamillion.com 给前 10 名畅销书提供 55% 的折扣（一些出版商提供给作者的折扣力度都没那么大）。

于是有了 Buy.com 的口号"全球最低价"。公司致力于成为价格的领导者，即使这意味着每一项销售都是亏损的。它用技术时刻在搜索竞争对手的站点，以确保在 Buy.com 的是最低价。最近 Palm Ⅲ 的处理器在 Buy.com 上卖 249 美元，在 CompUSA 上卖 330 美元，在生产商自己的官网上卖 369 美元。

Buy.com 正在打破康柏公司第一年销售额 1.11 亿美元的最高纪录，成为美国历史上发展最快的公司。（它的下一步工作是研究如何盈利。）

让我们看看低端个人电脑市场。在网上，最普通的价格是"免费"，网站通过广告发布或长期的网络服务合同来弥补价差。

CompUSA，唯一主销个人电脑的实体零售商，其 211 家大型商场已关闭了 14 家。Good Guys 公司在美国西部运营着 8 家电子商场，宣布将完全脱离个人电脑业务。

实体零售并不惧怕互联网，但它必须改变当前"低价"的关注重心，寻找一个新焦点。

9. 线下零售将变成一项服务竞争

正如全国品牌的出现给西尔斯公司带来了转变策略的压力一样，互联网的出现也给零售商带来了改变策略的压力。

在互联网的阴影下，怎样的零售策略才有效？我们相信将来一个成功的零售商需要的是进行一场服务竞争，而不是价格战。你可能会称为"诺德斯特龙"方式。（实体零售商在价格上根本不能与互联网零售商竞争。）

未来成功的线下零售商必须着重实体经历的两方面：接触和时间，或者我们所说的"T'n'T"（Touch and Time）。

　　"T'n'T"策略中的"接触"包括持有、握住、品尝、闻味、操作以及使用产品的能力，并不仅仅是看和读。（毕竟，你可以从网上看到产品的颜色。）

　　许多零售商不得不增加它们商店的"接触"体验。许多锁在玻璃柜或者深度包装的产品大大阻隔了这种接触。

　　在这方面，Saturn 商店成功地为顾客创造了一个更友好的环境，也为许多传统的零售商提供了一个很好的可供效仿的模式。

　　Sharper Image 也在它的门店里增加了接触体验。在商店里，他们鼓励顾客接触和试用各种电子设备。

　　丝芙兰（Sephora）化妆品连锁店是未来零售业的另一个例子。丝芙兰拥有极具吸引力的环境、经验丰富的员工和完整的产品链，给顾客提供了除低价之外所需的一切。如果你想要很低价的化妆品价格，你就不得不到网上寻找。

　　电影参展商也经历了相同的过程，它们更新了设备以同HBO、Showtime 和电视上的免费电影竞争。现在你会发现剧院变小了、座位变大了、更舒适了，屏幕更多样了，甚至爆米花也变得越来越好。

　　价格并不是一切。你可以在家里喝更便宜的啤酒，但每晚我们附近的酒吧里都会坐满了 20 多岁的年轻人，花很多钱喝百威啤酒。

　　"T'n'T"策略的"时间"部分还是比较明显的。不像在网上，当你从实体店里买东西时可以节省时间，因为你不必等待联邦快递或 UPS 递送你所购买的产品。

然而，有效的"T'n'T"策略的时间部分却比这要微妙得多。理论上，当你在零售店采购时不必等待你要买的商品。但实际上，商店也会因为缺货而使你的需求得不到满足。"下周再来，我们的新产品就到了。"

未来的顾客不会再容忍实体零售商经常缺货的问题。当然，许多问题来自商家对低价的重视，从而导致了特殊的处理及特殊的采购。放弃一项低价策略意味着零售商可以全心致力于维持存货的及时和完整。

不用说超市、便利商店及类似的地方了，超过一半的顾客通常是空手走出零售店的，主要原因是店里并没有他们所需要的东西。

大多数交易可能不会在网上进行，但是互联网革命会迫使每项业务调整策略，从价格战到服务竞争。"T'n'T"，如果你愿意。

10. 网络搜索工具将越来越不重要

像雅虎一样的搜索工具，它本应未雨绸缪，为激烈的环境做好准备时，但它却忙于不断增添新的功能。搜索工具（或者是门户网站）在未来会变得不如以前那么重要。

可以这样想，人们接触到了想要买卖的互联网品牌，当他们想要购买时，就会绕过搜索引擎，直接登录其站点。如果我们想买一本书，我们就到亚马逊网上书店，而不需要通过雅虎来查找谁在网上卖书。

这种对未来的观点是与个人在现实中的经历一致的。假设你搬到了一个新的社区，每次你外出采购时可能都会带上黄页。但当你已经很熟悉你所在新社区的商店时，在大多数情况下外出采购就不需借助黄页了。

雅虎是互联网上很受欢迎的工具，对网络新手来说很好，但是对于经验丰富的互联网用户而言就没那么重要了。

11. 互联网会改变电话行业的诸多方面

互联网和电话在很多方面很相似，两者都是信息和通信载体，只是百分比不同。

如果互联网承载的是80%的信息和20%的通信，那么电话正好相反，它是20%的信息和80%的通信。

即使电话载体的信息部分只占其所有电话的20%，它也是电话载体本身一项很大的业务。当然，信息部分所能看到的就是黄页，"以手指代步行"。

这将会改变，互联网将成为电话的直接竞争对手（对于电话公司而言，幸运的是一定时间内大多数用户仍然使用电话线拨号连接上网）。

在通信方面，电子邮件将替代许多电话和传真。在信息方面，网络将成为电子黄页。

电视给收音机带来了什么，互联网就会给电话带来什么。电视已完全取代了收音机的娱乐方式，互联网将对电话信息产生同样影响。以后我们不用再拨打 7773456，并要花上一段时间才能看上喜欢的片子了。

对许多人而言，变化不会那么快。当你想向美国公司寻求帮助时，你会花多长时间去拨那些号码？大多数美国国内公司所用的自动电话线路系统并不好。

电话接通时，它们首先提供多个选择。当你拨完一系列号码后，就会得到一个信息："对不起，坐席正忙，请稍后，下一位客服代表会马上为您服务。"

通过解决人性化界面的问题，互联网大大提升了用电话程序处理信息的速度。航班预定，电影票、摇滚音乐会和体育赛事的门票预定，旅馆预定，这些只是与信息交换相关的一部分服务，它们都将从电话转向网络。

12. 互联网将会遇障碍

虽然我们预测得很美好，但互联网在不久的将来还是会面临两种障碍。

一种障碍是互联网泡沫本身。仅仅因为两个不到 30 岁的年轻人用 3 000 万美元的风险资金开了一家网站，并不会自动地将网站价值提升到 30 亿美元，迟早现实会渗进来。

虽然网络如此广泛地被接受，要想赚钱仍然是很难的。互联网是高容量、低利润率的媒体，换句话说，是一种价格游戏。然而，我们认为投资者并没有真正理解这种媒体的特点。互联网广受欢迎，盈利却并不是很高。盈利是华尔街最终找寻的目标。

总销售额达 240 亿美元（总亏损 70 亿美元），241 家主要的互联网公司的股票市场价值达到 5 490 亿美元，迟早这个泡沫会破灭。

如果你拥有任何一只互联网股票，你应该读一读由《红鲱鱼》（Red Herring）⊖杂志的编辑——安东尼 B. 珀金斯（Anthony B. Perkins）和迈克 C. 珀金斯（Michael C. Perkins）所写的"网络泡沫"（The Internet Bubble）一文。珀金斯兄弟并不是泡沫的煽动者，只是每日报道风险投资业的内部人员，他们对于股票暴跌的预测是很令人害怕的。

互联网将继续存在和繁荣下去，但许多互联网公司却未必。

第二种障碍就是税收问题。当前，美国州税和联邦税有 3 年的延期偿付（1998 年国会通过了互联网免税规定）。

这种状况将会改变。征收销售税的 46 个州、4 831 个城市和 1 151 个县不会给互联网永远提供免税政策，迟早它们会收回这些削减措施。

我们从网上购买的苹果公司的 iBook，如果从当地商店购买要多花 111.72 美元（含税款）。迟早，政府官员、市长或者县税收官都将插手那 111.72 美元。

接下来会是什么？互联网之后将会出现什么？ 21 世纪的前

⊖　该杂志被世界誉为投资风向标志。

10 年会发生什么技术革命呢?

■ 可能会有携带光子的光学计算机来替代电子计算机。这种
  发展会明显地缩小体积,提升速度并增加计算设置的记忆
  容量,使摩尔定律不再适用。

■ 也可能会是一种新引擎,重量轻、效率高、能量超大。这
  种发展会给运输业带来变革:汽车、飞机、轮船、火车。

■ 在遗传学上可能会有新的发展,特别是在农业领域。这种
  发展会改变庄稼的种植、生长以及收割的方式。

不管未来会给我们带来什么,你可以确定的一件事情是:
未来将会是一种变动的发展。它将改变你运营业务和创建品牌
的方式。

而且会有一本新书:《打造××品牌的定律》。

或许我们会来撰写,或许不会。然而可以肯定的是,一定会
有人去写。

附录 A　定位思想应用

定位思想

正在以下组织或品牌中得到运用

·长城汽车：品类聚焦打造全球盈利能力最强车企

以皮卡起家的长城汽车决定投入巨资进入现有市场更大的轿车市场，并于 2007 年推出首款轿车产品，市场反响冷淡，企业销售收入、利润双双下滑。2008 年，在定位理论的帮助下，通过研究各个品类的未来趋势与机会，长城确定了聚焦 SUV 的战略，新战略驱动长城重获竞争力，哈弗战胜日韩品牌，重新夺回中国市场 SUV 冠军宝座。2011 年至今，长城更是逆市增长，SUV 产品供不应求，销售增速及利润高居自主车企之首，利润率超过保时捷位居全球第一，连续三年成为全球盈利能力最强的车企。2009 年导入聚焦战略不到 5 年里，长城汽车股票市值增长超过 80 倍。

·老板：定位"大吸力"，摆脱长期拉锯战，油烟机市场一枝独秀

长期以来厨房家电中的两大品牌——老板与方太——之间的竞争呈现胶着状态，双方仅有零点几个百分点的差距。2012 年开始，老板进一步收缩业务焦点，聚焦"吸油烟机"，强化"大吸力"。根据中怡康零售监测数据显示，2013 年老板电器在吸油烟机市场的零售量和零售额份额同时卫冕。同时，由于企业聚焦的"光环效应"带动，老板灶具的销售额与销售量也双双夺冠，首

次全面超越华帝灶具。2014 年第一季度，老板吸油烟机零售量市场份额达到 15.67%，领先第二名 36.02%；零售额市场份额达到 23.30%，领先第二名 17.31%。

- **新杰克缝纫机：聚焦"服务"与中小企业，缔造全球工业缝纫机领导品牌**

在经历连续三年下滑后，昔日工业缝纫机出口巨头杰克公司启动新的聚焦战略，进一步明确了"聚焦中档机型、聚焦中小服装企业客户、聚焦服务"的战略方向。在推动实施新战略后，新杰克公司 2013 年销售大幅上涨。当年工业缝纫机行业整体较上一年上涨 10%～15%，而杰克公司上涨 110%。新战略推动杰克品牌重回全球工业缝纫机领导品牌的位置，杰克公司成为全球最大的工业缝纫机企业。

- **真功夫：新定位缔造中式快餐领导者**

以蒸饭起家的中式快餐品牌真功夫在进入北京、上海等地之后逐渐陷入发展瓶颈，问题店增加，增长乏力。在定位理论的帮助下，通过研究快餐品类分化趋势，真功夫厘清了自身最佳战略机会，聚焦于米饭快餐，成立"米饭大学"，打造"排骨饭"为代表品项，并以"快速"为定位指导内部运营以及店面选址。新战略使真功夫重获竞争力，拉开与竞争对手的差距，进一步巩固了中式快餐领导者的地位。

……

红云红河集团、鲁花花生油、芙蓉王香烟、长寿花玉米油、今麦郎方便面、白象方便面、爱玛电动车、王老吉凉茶、桃李面包、惠泉啤酒、燕京啤酒、美的电器、方太厨电、创维电器、九

阳豆浆机、乌江涪陵榨菜······

•"棒！约翰"：以小击大，痛击必胜客

《华尔街日报》说"谁说小人物不能打败大人物"时，就是指"棒！约翰"以小击大，痛击必胜客的故事。里斯和特劳特帮助它把自己定位成一个聚焦原料的公司——更好的原料、更好的比萨，此举使"棒！约翰"在美国已成为公认最成功的比萨店之一。

•IBM：成功转型，走出困境

IBM 公司 1993 年巨亏 160 亿美元，里斯和特劳特先生将IBM 品牌重新定位为"集成计算机服务商"，这一战略使得 IBM成功转型，走出困境，2001 年的净利润高达 77 亿美元。

•莲花公司：绝处逢生

莲花公司面临绝境，里斯和特劳特将它重新定位为"群组软件"，用来解决联网电脑上的同步运算。此举使莲花公司重获生机，并凭此赢得 IBM 的青睐，以高达 35 亿美元的价格售出。

•西南航空：超越三强

针对美国航空的多级舱位和多重定价的竞争，里斯和特劳特将它重新定位为"单一舱级"的航空品牌，此举帮助西南航空从一大堆跟随者中脱颖而出，1997 年起连续五年被《财富》杂志评为"美国最值得尊敬的公司"。

······

惠普、宝洁、通用电气、苹果、汉堡王、美林、默克、雀巢、施乐、百事、宜家等《财富》500 强企业，"棒！约翰"、莲花公司、泽西联合银行、Repsol 石油、ECO 饮用水、七喜······

附录B 企业家感言

经过这些年的发展，我的体会是：越是在艰苦的时候，越能看到品类聚焦的作用。长城汽车坚持走"通过打造品类优势提升品牌优势"之路，至少在5年内不会增加产品种类。

——长城汽车股份有限公司董事长 魏建军

在与里斯中国公司的多年合作中，我最大的感受是企业在不断矫正自己的战略定位、聚焦再聚焦，真的是一场持久战。

——长城汽车股份有限公司总裁 王凤英

我对定位理论并不陌生，本人经营企业多年，一直在有意识与无意识地应用定位、聚焦这些法则。通过这次系统学习，不但我自己得到了一次升华，而且更坚定了以后经营企业要运用品类战略理论，提升心智份额，提高市场份额。

——王老吉大健康产业总经理 徐文流

没听课程之前，以为品类课程和定位课程差不多，听了课程以后，发现还是有很大的不同。品类战略的方法和步骤更清晰、更容易应用。听了品类战略的课才知道怎么在企业里落实定位。

——杰克控股集团有限公司总裁 阮积祥

听完课后，困扰我多年没有想通的问题得到了解决，品类战略对我帮助真的非常大！

——西贝餐饮集团董事长 贾国龙

我读过很多国外营销、战略类图书，国内专家的书，我认为只有《品类战略》这本书的内容最值得推荐，因此，我推荐360公司的每位同事都要读。

——奇虎 360 公司董事长　周鸿祎

通过学习，我认识到：聚焦，打造超级单品的重要性，通过打造超级单品来提升企业的品牌力。品类战略是企业系统工程，能使企业从外而内各个环节相配称。

——今麦郎日清食品有限公司董事长　范现国

学习了品类战略之后，我对心智当中品类划分更清楚了，回去对产品就做了调整，取得了很好的效果，就这一点就值得 500 万元的咨询费。

——安徽宣酒集团董事长　李健

我很早就读过《定位》，主要的收获在观念上，在读了《品类战略》之后，我感觉这个理论是真正具备系统的操作性的。我相信（品类战略）这个方法是革命性的，它对创维集团的影响将在未来逐步显现出来。

——创维集团副总裁　杨东文

对于定位理论的理解，当时里斯中国公司的张云先生告诉我们一句话，一个企业不要考虑你要做什么，要考虑不要做什么。其实我理解定位，更多的是要放弃，放弃没有能力做到的，把精力集中到能够做到的地方，这样才有可能在有限的平台当中用你更多的资源去集中，做到相对竞争力的最大化。

——家有购物集团有限公司董事长　孔炯

我听过很多营销课，包括全球很多大公司的实战营销、品牌课程。里斯的品类战略是我近十年来听到的最好的营销课程！南孚聚焦战略的成功经验，是花了一亿多元的代价换回来的。所以，关于聚焦，我特别有共鸣。

——南孚电池营销总裁　刘荣海

我们非常欣赏和赞同里斯品类战略的思想，我们向每一个客户推荐里斯先生的《品牌的起源》，了解品类战略。我们也是按照品类战略的思想来选择投资的企业。

——今日资本总裁　徐新

这是一个少即是多、多即是少的时代，懂得舍弃，才有专一，只有占据人们心智中的"小格子"，才终成唯一。把一切不能让你成为第一的东西统统丢掉，秉怀这种魄力，抵抗内心的贪婪，忍痛割爱到达极致，专心做好一件事，才有可能开创一个品类，引领一个品牌，终获成功。

——猫人国际董事长　游林

经过 30 年的市场经济发展，现在我们回过头来再来看《品类战略》。一方面，它是对过去的提炼与总结；另一方面，它让我们更多地了解到我们的中国制造怎样才能变成中国创造。

——皇明集团董事长　黄鸣

接触了定位理论，对我触动很大，尤其是里斯先生的无私，把这么好的观念无私地奉献给企业。

——滇红集团董事长　王天权

三天的学习，最大的收获是：用聚焦思考定位，做企业就是做品牌大树，而不是品牌大伞或灌木。还有一个重要的启示是：

战略由决策层领导制定。

> ——公牛集团董事长 阮立平

好多年前我就看过有关定位的书，这次与我们各个事业部的总经理一起来学习，让自己对定位的理念更清晰，理解更深刻，对立白集团的战略和各个品牌的定位明朗了很多。

> ——立白集团总裁 陈凯旋

消费者"心智"之真，企业、品牌"定位"之初，始于"品牌素养"之悟！

> ——乌江榨菜集团董事长兼总经理 周斌全

品类战略是对定位理论的发展，抓住了根本，更有实用性！很好，收获很大！

> ——白象食品股份有限公司执行总裁 杨冬云

课程前，我已对里斯品类战略进行了学习，并在企业中经营实践。这次学习的收获是：企业应该聚焦一个行业，甚至聚焦某一细分品类去突破。把有限的资源投入到别人的弱项以及自己的强项上去，这样才能解决竞争问题。

> ——莱克电气股份有限公司董事长 倪祖根

战略定位，简而不单，心智导师，品牌摇篮。我会带着定位的理念回到我们公司进一步消化，希望定位理论能够帮助我们公司发展。

> ——IBM（中国）公司合伙人 夏志红

定位思想最大的特点就是观点鲜明，直指问题核心，绝不同于学院派的观点。

> ——北药集团董事长 卫华诚

　　心智为王，归纳了我们品牌成长 14 年的历程，这是极强的共鸣；心智战略，指明了所有企业发展的正确方向，这是我们中国的福音；心智定位，对企业领导者提出了更高的要求，知识性企业的时代来临了。

　　　　　　——漫步者科技股份公司董事长　张文东

定位经典丛书

序号	ISBN	书名	作者
1	978-7-111-57797-3	定位（经典重译版）	（美）艾·里斯、杰克·特劳特
2	978-7-111-57823-9	商战（经典重译版）	（美）艾·里斯、杰克·特劳特
3	978-7-111-32672-4	简单的力量	（美）杰克·特劳特、史蒂夫·里夫金
4	978-7-111-32734-9	什么是战略	（美）杰克·特劳特
5	978-7-111-57995-3	显而易见（经典重译版）	（美）杰克·特劳特
6	978-7-111-57825-3	重新定位（经典重译版）	（美）杰克·特劳特、史蒂夫·里夫金
7	978-7-111-34814-6	与众不同（珍藏版）	（美）杰克·特劳特、史蒂夫·里夫金
8	978-7-111-57824-6	特劳特营销十要	（美）杰克·特劳特
9	978-7-111-35368-3	大品牌大问题	（美）杰克·特劳特
10	978-7-111-35558-8	人生定位	（美）艾·里斯、杰克·特劳特
11	978-7-111-57822-2	营销革命（经典重译版）	（美）艾·里斯、杰克·特劳特
12	978-7-111-35676-9	2小时品牌素养（第3版）	邓德隆
13	978-7-111-66563-2	视觉锤（珍藏版）	（美）劳拉·里斯
14	978-7-111-43424-5	品牌22律	（美）艾·里斯、劳拉·里斯
15	978-7-111-43434-4	董事会里的战争	（美）艾·里斯、劳拉·里斯
16	978-7-111-43474-0	22条商规	（美）艾·里斯、杰克·特劳特
17	978-7-111-44657-6	聚焦	（美）艾·里斯
18	978-7-111-44364-3	品牌的起源	（美）艾·里斯、劳拉·里斯
19	978-7-111-44189-2	互联网商规11条	（美）艾·里斯、劳拉·里斯
20	978-7-111-43706-2	广告的没落 公关的崛起	（美）艾·里斯、劳拉·里斯
21	978-7-111-56830-8	品类战略（十周年实践版）	张云、王刚
22	978-7-111-62451-6	21世纪的定位：定位之父重新定义"定位"	（美）艾·里斯、劳拉·里斯 张云
23	978-7-111-71769-0	品类创新：成为第一的终极战略	张云